FALKEN FARBIG

Werner Hoffmann

# Sukkulenten

Mittagsblumen, Lebende Steine, Wolfsmilchgewächse u. a.

FALKEN VERLAG

Titel: Hauptmotiv *Dorotheanthus bellidiformis;* links oben *Alo ciliaris;* Mitte: *Euphorbia cooperi;* unten *Sedum dendroideum*

Abbildung Seite 2: Sukkulenten-Landschaft in Niederkalifornien, Mexiko (von links nach rechts *Idria, Yucca, Pachycormus, Agaven, Kakteen)*

ISBN 3 8068 5070 4


Fotos: Werner Hoffmann; D. Supthut, A. Wirth, R. Elter/Städt. Sukkulenten-Sammlung, Zürich
Gesamtherstellung: Stalling AG, Oldenburg

817 2635 4453 62

# Inhalt

Über die Kunst, Wasser zu speichern *6*

Die Lebensräume der Sukkulenten *8*

Sukkulenten für Zimmer, Balkon und Garten *10*

Anzucht und Pflege *12*

Licht und Temperatur *12*
Gasaustausch, Wasser und Ernährung *13*
Boden und Substrate *14*
Pflanzgefäße *14*
Pflegearbeiten *15*
  Das Gießen *15*
  Das Verpflanzen *15*
Vermehrung *16*
  Samengewinnung und Aussaat *16*
  Vegetative (ungeschlechtliche) Vermehrung *16*
  Das Propfen *16*
Pflanzenschutz *17*

Sukkulenten von A–Z *18*

Abromeitiella *25*, Adenium *20*, Adromischus *28*, Aeonium *28*, Agave *18*, Agyroderma *53*, Almandia *40*, Aloe *46*, Aloinopsis *53*, Altamiranoa *29*, Anacampseros *63*, Bergeranthus *53*, Bryophyllum *29*, Caralluma *21*, Carpobrotus *54*, Carruanthus *54*, Ceraria *63*, Cephalophyllum *54*, Ceropegia *22*, Chasmatophyllum *54*, Cheiridopsis *54*, Chorisia *24*, Conophyllum *54*, Conophytum *55*, Cotyledon *29*, Crassula *30*, Cissus *64*, Dasylirion *48*, Delosperma *55*, Didieria *40*, Dorotheanthus *56*, Drosanthemum *56*, Dudleya *32*, Duvalia *22*, Dykkia *25*, Echeveria *33*, Echidnopsis *22*, Euphorbia *41*, Faucaria *56*, Fenestraria *57*, Fourcraea *20*, Frithia *57*, Gasteria *48*, Gibbaeum *57*, Glottiphyllum *58*, Graptopetalum *34*, Greenovia *35*, Haworthia *49*, Hechtia *25*, Hoya *22*, Huernia *22*, Idria *44*, Jatropha *44*, Joviabarba *35* u. *38*, Kalanchoe *35*, Lampranthus *58*, Lapidaria *58*, Lithops *58*, Mitrophyllum *59*, Monanthes *36*, Muiria *59*, Nananthus *60*, Oliveranthus *37*, Oophytum *60*, Ophthalmophyllum *60*, Oscularia *60*, Othonna *26*, Oxalis *63*, Pachyphytum *37*, Pachypodium *20*, Pelargonium *45*, Peperomia *63*, Pleiospilos *60*, Portulaca *64*, Portulacaria *64*, Psammophora *61*, Puya *25*, Rhombophyllum *61*, Rochea *37*, Ruschia *61*, Sansevieria *50*, Schwantesia *61*, Sedum *37*, Sempervivum *38*, Senecio *26*, Stapelia *23*, Stomatium *62*, Tischleria *62*, Titanopsis *62*, Tradescantia *26*, Trichocanlon *24*, Trichodiadema *62*, Vanheerdia *62*, Yucca *50*

# Über die Kunst, Wasser zu speichern

*Wüstenabteilung des Botanischen Gartens Huntington, USA*

Wasser ist knapp, Wasser ist wertvoll. Diese Tatsache ist nicht nur aus unseren Wasserrechnungen ersichtlich, sie wird uns auch schmerzlich bewußt, wenn im Hochsommer akuter Wassermangel herrscht. Die sattgrünen Gräser des Teppichrasens, nach ausreichenden Regenfällen der Stolz jedes Gartenbesitzers, sind braun und unansehnlich, viele Blütenpflanzen lassen die Köpfe hängen.

Nur eine Gruppe von Pflanzen übersteht solche Trockenheit, ja, sie scheint sich unter der unbarmherzigen Sommersonne erst richtig wohl zu fühlen: Es sind flache Blattrosetten oder kugelige Pflanzenkörper, die gern zwischen Steinen an sonnigen Plätzen wachsen, Pflanzen mit fleischigen Blättern oder tonnenförmigen Stämmen, oft mit atemberaubend schönen Blüten – Pflanzen, die wir als Sukkulenten bezeichnen.

Blüten- und Blattpflanzen sind ein Schmuck der Wohnung, solange sie ausreichend mit Wasser versorgt sind. Da hat aber beispielsweise der Wohnungsnachbar fest versprochen, sich während des Urlaubs um unsere Pflanzen zu kümmern – und es dann doch vergessen. Nun sind die Blätter zu Heu geworden, und für viele Töpfe bleibt nur noch die Mülltonne als Endstation. Doch halt! Da sind noch einige Pflanzen – Mittagsblumen, Lebende Steine, Wolfsmilchgewächse und andere –, deren fleischige Blätter oder Stämme vielleicht ein wenig dunkler geworden sind, als hätten sie sich mit sommerlicher Urlaubsbräune geschmückt, die aber keineswegs durch die Trockenheit verdorben sind; einige prahlen sogar noch mit leuchtenden Blüten. Auch hier handelt es sich wieder um Sukkulenten, die vermeidbare Trockenzeiten in der Wohnung genauso überstehen wie die unvermeidbaren in ihrer Heimat.

Sukkulenten sind Pflanzen sehr unterschiedlicher Familien. Gemeinsam ist ihnen die Kunst, Wasser zu speichern – möglichst viel Wasser für eine oft lange Trockenzeit. Sie sind Bewohner wechselfeuchter oder trockener Gebiete, in denen sie oft mit sehr geringen Niederschlägen auskommen müssen. In diesen Wüsten, Halbwüsten oder Steppen müssen sich die Pflanzen durch ihren Zellenaufbau dem Wassermangel anpassen. Das Ergebnis dieser Anpassung von Pflanzen sehr unterschiedlicher Verwandtschaftskreise ist die Sukkulenz und damit verbunden ein oft sehr ähnliches Aussehen. Da die Kakteen die bekannteste Familie sukkulenter Pflanzen sind, werden oft alle Sukkulenten für Kakteen gehalten. Wir sprechen korrekt von Kakteen und anderen Sukkulenten, zu denen Pflanzen aus etwa 50 Familien gehören. Diese anderen Sukkulenten werden in Kakteenbüchern meist nur nebenbei erwähnt. Darum wollen wir uns in diesem Buch nur mit ihnen, nicht aber mit den Kakteen beschäftigen. Außer den eigentlichen Sukkulenten werden wir noch einige weitere Pflanzenarten aus Trockengebieten erwähnen, weil sie ähnliche Ansprüche stellen oder sich besonders schön in ein Sukkulentenbeet im Garten einfügen.

Zur Wasserarmut in den Heimatgebieten der Sukkulenten kommen oft große Temperaturschwankungen zwischen Tag und Nacht. Die Sonnenstrahlung ist sehr intensiv, und starke Winde erschweren jegliches Pflanzenleben. Dies ist die Umwelt, die in einem langen Ausleseprozeß sukkulente Pflanzen entstehen ließ. Dabei ging die Natur verschiedene Wege – immer aber mit dem Ziel, Wasser zu sparen und Organe der Pflanzen zu Wasserspeichern umzugestalten. Alle Sukkulenten speichern Zellsaft, der vorwiegend aus Wasser besteht, und haben Einrichtungen, sich gegen Wasserverlust zu schützen. Das lateinische Wort succus (=Saft) gab den Sukkulenten ihren Namen.

Betrachten wir die Gestalt der Sukkulenten, so erkennen wir mehrere Gruppen. Sie unterscheiden sich dadurch, daß sie jeweils in einem der drei Grundorgane der Pflanze, in der Wurzel, dem Sproß (=Stamm) oder in den Blättern das Grundgewebe (=Parenchym) zu Wasserspeichern ausgebaut haben. Dadurch entstehen Wurzel-, Stamm- und Blattsukkulenten mit fleischigen, stark verdickten Wurzeln, Stämmen oder Blättern. *Wurzelsukkulenten* sind für uns relativ uninteressant, weil sie sich in den sichtbaren oberirdischen Teilen nicht von anderen, nichtsukkulenten Pflanzen unterscheiden.

Blätter dienen der Pflanze zur Aufnahme der Sonnenenergie und zur Abgabe von Wasserdampf. *Stammsukkulenten* besitzen sehr kleine oder gar keine Blätter. Der Stamm ist verdickt und zeigt durch seine grüne Rinde, daß er die Aufgabe der Blätter, das Aufnehmen der Sonnenenergie, mit übernommen hat. Oft sind die Blätter zu Dornen umgebildet, an denen sich in kühlen Nächten Tautropfen bilden. Ähnliche Einrichtungen zur zusätzlichen Wasserversorgung der Sukkulenten sind Haare oder Warzen, die aus der Oberhaut der Pflanzen herausragen. Den geringsten Wasserverlust haben kugelförmige Stammsukkulenten, eine Form, die wir besonders bei den Kakteen finden. Typische Stammsukkulenten der Gattung *Euphorbia* (Wolfsmilch) aus Afrika und Madagaskar werden wegen ihrer täuschenden Ähnlichkeit leicht mit Säulenkakteen verwechselt. Diese Ähnlichkeit nicht verwandter Pflanzenarten nennt man Konvergenz.

*Blattsukkulenten* speichern ihr Wasser in den Blättern, die dadurch ebenfalls dick und fleischig werden. Typische Vertreter sind die Dickblattgewächse mit *Echeveria, Crassula* und der bei uns heimischen Hauswurz (=*Sempervivum*). Meist sind ihre Sprosse stark verkürzt, so daß Rosettenpflanzen entstehen, die dicht auf dem Boden aufliegen. Auch aus der Familie der Liliengewächse gibt es schöne Blattsukkulenten wie *Aloe, Gasteria* und andere mehr. Blattsukkulenten können sich gegen Wasserverlust zusätzlich schützen, indem sie ihren Blättern kugelige oder walzenförmige Gestalt geben. Ein gutes Beispiel hierfür ist *Pachyphytum.* Blattsukkulenten können Formen annehmen, die der Kugelform der Stammsukkulenten nahe kommen. So besitzen *Lithops* und *Conophytum* (Familie der Mittagsblumengewächse), die sogenannten Lebenden Steine, nur noch zwei miteinander verwachsene, stark verdickte Blätter, die fast ganz im Boden verschwinden. Sogenannte Fenster, Flecken oder Punkte im sichtbaren Teil der Blätter verlegen die Gewinnung der Sonnenenergie aus dem oberen Rand des Blattes tiefer ins Innere. Dabei ist der Ausdruck »Fenster« so zu verstehen, daß man durch das Fehlen von Blattgrün in Teilen der oberen Schichten in das dunkel erscheinende Blattinnere sehen kann. Durch die Marmorierung nimmt das Blatt gleichzeitig das Aussehen der umgebenden Steine an. Durch diese »Mimikry« wird die Vernichtung der Pflanzen durch Tierfraß verhindert.

*Jedes fleischige Blatt dieser Echeverie – ein perfekter Wasserspeicher*

Neben Pflanzen mit sukkulentem Stamm oder sukkulenten Blättern gibt es alle möglichen Übergänge. So hat das »Flammende Kätchen« (*Kalanchoe blossfeldiana)* ebenso wie eine als »Goethepflanze« bekannte Art der gleichen Gattung sowohl sukkulente Blätter als auch sukkulente Sprosse (=Stämme). Sie sind damit ebenso wie zahlreiche andere Vertreter aus der Familie der Dickblattgewächse *(Crassulaceae)* sowohl Blatt- als auch Stammsukkulenten.

# Die Lebensräume der Sukkulenten

Wir haben gesehen, daß sich Pflanzen in Trockengebieten mit raffinierten Einrichtungen gegen die lebensfeindliche Umwelt schützen. Sie müssen in kurzer Zeit viel Wasser aufnehmen und es dann über längere Zeit in ihrem Körper speichern können. Wie sieht nun eine solche Umwelt aus, die sich so wesentlich von unseren gemäßigten Breiten unterscheidet?
Steppen, Halbwüsten und Wüsten bedecken etwa ein Drittel der Erdoberfläche. Mit Niederschlagsmengen von weniger als 300 mm im Jahr wird ihr Klima als semiarid (=halbtrocken) oder arid (=trocken) bezeichnet. Diese Trockenheit ist das Ergebnis der großen Luftbewegungen in der Atmosphäre, die warme Luftmassen am Äquator aufsteigen und im Gebiet der Wendekreise wieder absteigen lassen. Diese Abwärtsbewegung führt zum Entstehen von Hochdruckwetterlagen, die wir als sonnenhungrige Urlaubsreisende so sehr zu schätzen wissen. Für die Pflanzen dieser Gebiete ist dieses Klima weniger angenehm. Sie müssen in den beiden Wüstengürteln beiderseits der Wendekreise existieren. Dazu gehören die Trockengebiete im Südwesten der USA und weite Gebiete von Mexiko ebenso wie die Sahara, die arabische Wüste, die Trockengebiete Indiens, Südamerikas, Südafrikas und Australiens.
Unzureichende Niederschläge sind ein Problem für die Pflanzen, die starke Sonnenstrahlung ein anderes. Das wenige Wasser muß nicht nur schnell aufgenommen und gespeichert, es muß auch gegen Verdunstung geschützt werden. Weitreichendes, flach im Boden liegendes Wurzelwerk und zu Wasserspeichern umgebildete Pflanzenteile ermöglichen schnelles Aufnehmen und Speichern. Schutz gegen Verdunstung bieten der Wegfall von normalen Laubblättern, die Kugelform und schließlich die Ausbildung von Rippen, Warzen, Haaren und Korkschichten.
Sonnenlicht ist die Grundlage allen Lebens auf dieser Erde. Wie in der Medizin gilt aber auch hier der Grundsatz, daß die Menge über Nutzen oder Schaden entscheidet. Die Sonnenstrahlung in den meist wolkenlosen Trockengebieten überschreitet oft diese Toleranzgrenze, und so müssen sich die Sukkulenten nicht nur gegen den Verlust von Wasser, sondern auch gegen ein Zuviel des sonst lebensspendenden Sonnenlichtes schützen.
Den extrem hohen Tagestemperaturen folgen in Wüsten und Halbwüsten oft niedrige Nachttemperaturen, auch bis unter den Gefrierpunkt. Diese

*Felsspalten als Lebensraum*

Schwankungen können in wenigen Stunden mehr als 30° C betragen und bewirken, besonders in den Gebirgen, das Sprengen von Steinen und ganzen Felspartien. Sukkulenten dieser Gebiete, unter ihnen auch die Kakteen in den Anden Südamerikas, müssen diese Belastungen überstehen. Etwas Gutes haben auch diese Temperaturschwankungen – sie erzeugen Tau, den die Pflanzen nutzen können.
Trockener Boden ist so leicht, daß seine feinen Bestandteile vom Wind aufgewirbelt und fortgetragen werden. Wind erreicht schnell Sturmstärken, wenn er nicht durch Hindernisse, zum Beispiel große Bäume, daran gehindert wird. So werden die Sukkulenten einer weiteren großen Belastung ausgesetzt, wenn starke Winde ihren Körpern Feuchtigkeit entziehen und sie mit einer Staubschicht bedecken.
Sukkulente Pflanzen finden wir aber auch inmitten niederschlagsreicher Waldgebiete in den Tropen. Felskuppen bieten dort den anspruchsvollen Bäumen des Urwaldes ebenso wenig Lebensmöglichkeiten wie dessen schattenbedürftigen Kräutern. Wo das Wasser rasch über die Felsen abläuft und das wenige Erdreich abspült, finden aber Sukkulenten in Felsspalten immer noch einen Lebensraum.
Nicht nur das Regenwasser, das über den Boden die Pflanzenwurzeln erreicht, kann Lebenselixier für die Sukkulenten sein. In den Küstenwüsten Chiles und Perus regnet es praktisch nicht und dennoch finden wir Standorte mit Sukkulenten. Ihr Wasser beziehen sie aus den Garua-Nebeln, deren Wasserdampf an den Dornen und Haaren der Pflanzen kondensiert.
Der Boden in den Wüstengürteln der Erde unterscheidet sich nicht nur durch den Wassermangel von den unseren. Es sind sogenannte Skelettböden, die keinen Humus, aber oft große Mengen von Pflanzennährstoffen in Form von Salzen besitzen. Sie können fruchtbar sein, wenn nicht das Vorhandensein anderer Salze und deren Menge lebensfeindlich wirken. Häufig finden wir einen hohen Gehalt an Kochsalz (Natriumchlorid) sowie andere Chloride und Sulfate. Mit dem Regenwasser gelangen sie in abflußlose Senken der ariden Gebiete, wo sie nach Verdunstung des Wassers die brettebenen Flächen ausgetrockneter Salzseen bilden. Nur wenige Pflanzen vermögen am Rande dieser Salzpfannen zu leben, und es sind wiederum Sukkulenten, die dieses Kunststück fertigbringen.
Wir haben nun den Lebensraum von Sukkulenten in den großen Trockengebieten der Erde betrachtet. Hier finden wir die meisten Vertreter dieser buntgewürfelten Pflanzengesellschaft, die rund 50 verschiedenen Pflanzenfamilien angehören. Doch haben einige auch in Süd- und Mitteleuropa ihre Heimat, wie die als »Hauswurz« und »Donnerwurz« bekannten *Sempervivum* aus den Alpen und die in alten Weinbergsmauern anzutreffenden Mauerpfeffer *(Sedum)*. Sie finden auch in Europa die Bedingungen, die für das Leben der Sukkulenten entscheidend und allen Sukkulentenstandorten der Erde gemeinsam sind: viel Licht, zeitweilig hohe Temperaturen und ausgeprägte Trockenzeiten.

*Blütenteppich der Mittagsblumen am Pakhuis-Paß in Südafrika*

*Sukkulenten im Vulkangestein der Kanarischen Inseln, unten*

# Sukkulenten für Zimmer, Balkon und Garten

Wenige Pflanzengruppen lassen sich so vielseitig verwenden wie die Sukkulenten. Ihre geringen Ansprüche und die Vielzahl von Arten lassen uns unter ihnen Pflanzen für jeden Verwendungszweck finden. Auf dem Fensterbrett, auf dem Balkon, im Gewächshaus und im Freiland bringen sukkulente Pflanzen Abwechslung in das Pflanzensortiment. Zur Vielfalt ihrer Formen gesellt sich die Schönheit der Blüten, deren Größe oft die des Pflanzenkörpers übertrifft. Die scheinbare Leblosigkeit der starren Pflanzenkörper steht dann in auffälligem Gegensatz zu der verschwenderischen Pracht ihrer leuchtenden Blüten.

Mit einer Ausnahme sind die Ansprüche der Sukkulenten gering: Sie können Wassermangel und hohe Temperaturen ertragen – nur auf Lichtmangel reagieren sie empfindlich. Dies ist nicht verwunderlich, wenn wir an das Klima ihrer heimatlichen Standorte denken, die zu den strahlungsreichsten dieser Erde gehören. So spricht es wieder für die Anpassungsfähigkeit der Sukkulenten, daß sie unsere lichtarmen Winter überhaupt überstehen. Voraussetzung dafür ist, daß wir ihnen den hellsten Platz in unserer Wohnung geben, das Brett eines Fensters, das nicht gerade nach Norden gerichtet sein sollte. Das Südfenster, für viele Pflanzenfreunde wegen seiner hohen Sommertemperaturen eine Quelle ständigen Kummers, ist der ideale Standort für Sukkulenten.

Hier müssen wir auf einen wichtigen Unterschied zwischen Pflanzen in der freien Natur und denen in der Wohnung hinweisen: Bis auf wenige Ausnahmen (Pfahlwurzeln) bilden die Pflanzen in Trockengebieten ein weitverzweigtes, dicht unter der Erdoberfläche liegendes Wurzelsystem. Es übertrifft die Größe der Pflanze um ein Vielfaches und ist mehrere Meter lang. Wie sollen sich diese Wurzeln in einem kleinen Blumentopf entwickeln, der nur wenige Zentimeter Durchmesser hat? Zudem gibt bei unseren Topfpflanzen nicht nur die Erdoberfläche, sondern auch die Topfwand Wasser ab, je nach Durchlässigkeit des Materials mehr oder weniger. Um hier einen Ausgleich zu schaffen, sollten die Töpfe nicht frei stehen, sondern in einem Blumenkasten, der mit Bimskies, Torf oder einem Gemisch aus Torf und Sand gefüllt ist. So bleibt die Erde in den Töpfen länger feucht, und die Pflanzen lohnen es durch besseres Wachstum.

Der Balkon wie auch der Garten sind die ideale Sommerfrische für unsere Sukkulenten. Vor der Südwand eines Hauses oder im sonnenbeschienenen Winkel des Balkons herrschen die besten Verhältnisse für die Pflanzen, die uns von Herbst bis Frühjahr im Zimmer erfreut haben. Hier entwickeln sie besonders kräftige Triebe und zeigen in Form und Farbe ein ähnliches Aussehen wie die Wildpflanzen in ihrer Heimat. Der Grund hierfür liegt nicht nur in der wesentlich stärkeren Strahlung, die im Freiland ungefiltert auf die Pflanzen trifft, und an den hohen Temperaturen; wichtig ist der Wechsel zwischen warmen Tagen und kühlen Nächten, wie wir ihn in unseren Breiten im Spätsommer und im Frühherbst haben. Wenn Tautropfen wie Perlen auf den Pflanzen sitzen und die Sonne sie allmählich auftrocknet, erleben die Sukkulenten einen Tag-Nacht-Wechsel wie in ihrer tropischen Heimat. Sie danken dies durch gesundes Wachstum, prächtige Körperfarben und reichlichen Blütenflor.

Vorsicht ist geboten beim Übergang vom Fensterbrett zum Sommerquartier im Freien. Wir müssen in den ersten Tagen bei Sonnenschein etwas schattieren, um ein Verbrennen der Pflanzen zu verhindern. Dies gilt auch für Gewächse, die wir im Sommer auf der Fensterbank stehen lassen. Wenn nach langen, lichtarmen Monaten die Februarsonne kräftig durch das Fenster auf den Pflanzenkörper scheint, sollten wir mit Zeitungspapier in den Mittagsstunden etwas für Schatten sorgen.

Der Balkon ist nicht nur Sommerfrische für die Sukkulenten unserer Wohnung. Hier können wir in Blumenkästen, Kübeln oder Trögen ganzjährig die winterharten Sukkulenten wie Hauswurz, Fetthennen und andere halten, denen wir auch im Garten wieder begegnen. Das gleiche gilt auch für einige Sukkulenten, die mäßige Fröste dann überstehen, wenn sie bereits eine gewisse Trockenperiode hinter sich haben. Die Blätter einiger Agaven, Echeverien usw. sind dann so schlaff, daß ihnen niedrige Temperaturen nichts mehr ausmachen.

Viele Pflanzenliebhaber haben gerade in jüngster Zeit den Wert sukkulenter Pflanzen für ihren Garten erkannt, gleichgültig, ob er die Größe eines Parks oder eines umpflanzten Sitzplatzes hat. Gerade in kleinflächigen Anlagen kommen die Sukkulenten gut zur Geltung, wenn wir ihnen einen geeigneten Platz zuweisen. Das Bild von Steppen und Halbwüsten vor Augen, werden wir diesen Platz so gestalten, daß er Schönheit und Eigenheit sukkulenter Pflanzen hervorhebt. So eignen sich Gefäße aus Stein oder Ton ebenso wie die Krone oder die Fugen einer Trockenmauer oder eines Steinwalls. Steingärten, mit Erdreich gefüllte Fugen in Mauern, Pflaster und Plattenwegen bilden den natürlichen Rahmen und ausreichend Lebensraum für winterharte Sukkulenten.

Die Wirkung der Sukkulenten wird noch erhöht durch die Nachbarschaft anderer Pflanzen der Trockenzonen, die wir insgesamt als Xerophyten bezeichnen. Gräser wie *Festuca* und *Stipa* können wir auch auf kleinem Raum zu den Sukkulenten gesellen, ebenso den unverwüstlichen Thymian. Das Pampagras *(Cortaderia selloana)* ist ein weiterer wichtiger Bestandteil eines solchen Steppengartens, sollte jedoch wegen seiner Größe einzeln gepflanzt werden. Dies gilt ebenso für die winterharte Palmlilie *(Yucca filamentosa),* deren hoher Blütenstand einen leuchtenden Höhepunkt im Garten bildet. Von den Kakteen sind nur einige Opuntien (Feigenkakteen) als winterhart zu bezeichnen. Auch Echinocereen und andere können unter günstigen Kleinklimaten im Freien überdauern, doch ist das Risiko einer solchen Überwinterung sehr groß. Nicht die niedrigen Temperaturen allein sind hier entscheidend, sondern das Zusammenspiel mit anderen Faktoren wie Strahlung, Luft- und Bodenfeuchte und der Allgemeinzustand der Pflanze.

Winterharte Sukkulenten lassen sich im Garten gut mit einjährigen Vertretern dieser Pflanzengruppe und solchen kombinieren, die ihr Winterquartier in der Wohnung haben. Der großblumige Portulak *(Portulaca grandiflora)* ist hier zusammen mit den einjährigen Mittagsblumen zu nennen, deren Blüten sich bei Sonnenschein öffnen und in herrlichen gelben, roten und violetten Farbtönen leuchten.

Die Vielzahl von Formen und Farben der Pflanzen, dazu der Kontrast mit Natursteinen, Beton und Platten eröffnen dem Besitzer auch des kleinsten Gartens ungeahnte Möglichkeiten der Kombinationen mit Sukkulenten. Neben Phantasie benötigt man nur noch eines vordringlich – einen Garten, der möglichst viel Sonne bekommt. So nutzen immer mehr Gartengestalter und Pflanzenfreunde in südlichen Breiten die wassersparenden Sukkulenten neben Korkeichen, Oliven, Oleander und Gräsern aus Trockengebieten zur Einrichtung von Gärten, die sich harmonisch in die Landschaften der Mittelmeerküsten Spaniens, Frankreichs, Italiens, Griechenlands und Israels einfügen. Die zerklüfteten Karstgesteine und die daraus entstehenden Böden (terra rossa) bilden einen einzigartigen Kontrast zu den Pflanzen, die sich im mediterranen Klima zu wahren Prachtexemplaren entwickeln.

Noch einige Verwendungsmöglichkeiten der Sukkulenten sollten wir erwähnen. Im Dachgarten, auf luftiger Höhe über den Straßenschluchten der Großstädte, finden Pflanzen arider Klimagebiete in Pflanzgefäßen oder Miniaturbeeten ebenso ihren Platz wie im Hausgarten oder auf dem Balkon. Man kombiniert sie mit Gräsern, Palmlilien und anderen Flachwurzlern. Auf dem Flachdach der Autogarage sind Sukkulenten konkurrenzlos. Schon eine geringe Erdschicht, deren Gewicht bei der Konstruktion berücksichtigt werden muß, bietet der Hauswurz und anderen winterharten Sukkulenten ausreichende Entwicklungsmöglichkeiten. Der Name »Hauswurz« für *Sempervivum* deutet darauf hin, daß diese Pflanze schon früher eine Vorliebe für Hausdächer als Standort hatte. Besonders alte Strohdächer, Dachrinnen und Mauervorsprünge erfüllen alle Voraussetzungen für das Wohlergehen von Sukkulenten: Sie bieten ihnen einen sonnigen, luftigen Standort und einen Wurzelraum, der zeitweilig feucht, sonst aber durchlässig und gut durchlüftet ist.

*Portulaca grandiflora – einjähriger Sommerflor für das Freiland, oben*

*Die Blattrosetten der winterharten Hauswurz (Sempervivum)*

# Anzucht und Pflege

Es ist zwar technisch möglich, die Umwelt eines heimatlichen Standortes von Sukkulenten mit ihren Faktoren Licht und Temperatur, Boden und Wasser exakt nachzuahmen. Abgesehen von den hohen Kosten eines solchen Anzuchtraums (besonders Energiekosten) hätten wir dabei aber die Anpassungsfähigkeit gerade dieser Pflanzengruppe unterschätzt. Zu den Sukkulenten gehören nicht nur Pflanzen, die bei den gleichbleibenden Tageslängen am Äquator existieren, sondern auch andere, die zur Blütenbildung einen jahreszeitlichen Wechsel von langen und kurzen Tagen benötigen. Und endlich finden wir unter ihnen auch sukkulente Bewohner südeuropäischer Gebirge, die bei uns winterhart sind. Lassen wir die letztgenannten aus dem Spiel, so werden wir staunend feststellen, daß wir an einem hellen Fenster unserer Wohnung gleichzeitig Sukkulenten aus Südafrika und Madagaskar, aus Mexiko und Nordafrika, von den Kanarischen Inseln und aus Indien pflegen können.

Unsere Kenntnis von der Pflanzen- und Tierwelt weiter Teile der Erde ist eng verknüpft mit der Geschichte dieser Gebiete. Als das Mittelalter zu Ende ging, begann die Entdeckung und Eroberung bis dahin unbekannter Länder und Kontinente. In zahllosen Expeditionen erforschten Wissenschaftler im 19. und 20. Jahrhundert immer neue Gebiete und brachten große Mengen lebender Pflanzen nach Europa. Neben Palmen, Orchideen und vielen anderen waren es auch sukkulente Pflanzen, die durch ihre eigenartigen Körper und die Schönheit ihrer Blüten die Neugier der Wissenschaftler erregten.

Mangelhafte Transportverhältnisse und unzureichende Möglichkeiten der Pflege führten dazu, daß die Pflanzen den Standort- und Klimawechsel meist nicht lange überlebten. Die Kunde von diesen Pflanzen, festgehalten in Beschreibungen und Zeichnungen, veranlaßte jedoch immer wieder Forscher und Sammler zu neuen Unternehmungen. Die weißen Flecken auf den Landkarten, Zeichen für unerforschte Gebiete, sind heute fast verschwunden. Doch auch in erforschten Gebieten werden immer noch unbekannte Pflanzenarten entdeckt. Dies gilt besonders für Wüsten und andere Trockengebiete. Versteckt zwischen Steinen oder zeitweilig vom Wüstensand bedeckt, entgingen sie lange Zeit selbst dem geschulten Auge des Pflanzenjägers.

Wichtig für die Beurteilung des Wertes von Pflanzenimporten war die Erkenntnis, daß die Entwicklung einer Pflanze vom Samen bis zur Blühreife unter möglichst gleichen oder doch ähnlichen Bedingungen vor sich gehen soll. Das bedeutet, daß beispielsweise ein »Lebender Stein«, der bei uns ausgesät wird, sich unter den lichtarmen Verhältnissen Mitteleuropas durchaus zu einem alljährlich blühenden Exemplar entwickeln kann. Er entwickelt sich ähnlich wie ein anderes Exemplar der gleichen Art am heimatlichen Standort in der südafrikanischen Sukkulentensteppe – vom keimenden Samen über den Sämling bis zur blühenden Pflanze.

Bei der Anzucht der Sukkulenten müssen wir berücksichtigen, daß für das gesunde Wachstum von Pflanzen eine Reihe von Umweltfaktoren wichtig sind. Fehlt ein Faktor, so kann er nicht durch einen anderen ersetzt werden. Dazu gehören die Strahlung (Licht und Temperatur), die umgebende Luft (Gasaustausch, Luftfeuchte) und der Boden als Wurzelraum und Lieferant von Wasser und Nährstoffen.

## Licht und Temperatur

Leben auf der Erde ist nur möglich durch die Fähigkeit der Pflanzen, mit Hilfe des Sonnenlichts anorganische Nährstoffe in organische Pflanzensubstanz umzuwandeln.

Somit ist die Strahlung der Sonne schon immer unsere einzige ursprüngliche Energiequelle gewesen. Sonnenstrahlung liefert auf der Erde gleichzeitig sichtbare Strahlung (Licht) und Wärme. Daraus folgert, daß die Pflanze natürlicherweise nur dann hohe Temperaturen benötigt, wenn ihr gleichzeitig Licht in entsprechender Stärke zur Verfügung steht. Da hohe Temperaturen der Pflanze viel Wasser entziehen, benötigt sie einen Ausgleich durch das im Boden enthaltene Wasser, das gleichzeitig die gelösten Nährstoffe in die Pflanze befördert.

Daraus läßt sich eine der wichtigsten Regeln für die Pflege der extrem lichthungrigen Sukkulenten ableiten: Nur zur Zeit ihres jährlichen Wachstums, der Regenzeit, benötigen sie neben dem vollen Licht auch Temperaturen, die über den Ansprüchen unserer Wohnräume liegen. Diese Zeit entspricht im allgemeinen unserem Sommer. Dabei sollten die Temperaturen für die meisten Arten nachts absinken, wie wir es den im Garten oder auf dem Balkon aufgestellten Pflanzen bieten können. Sonnige, heiße Tage und kühlere Nächte entsprechen den Verhältnissen in den

meisten überseeischen Trockengebieten. Sie vermitteln den Sukkulenten das Erlebnis einer Sommerfrische.
Im lichtarmen Winter müssen wir die Temperatur drastisch senken. Nur eine Reihe von Arten, so die meisten Sukkulenten Madagaskars sowie *Sansevieria, Adenium* und andere, mögen auch im Winter die Temperaturen von Wohnräumen. Dies hat dann zur Folge, daß wir die Wassergaben nicht völlig einstellen können.
Viele Dickblattgewächse wie Arten von *Crassula, Sedum* und *Echeveria* benötigen Wintertemperaturen von 5 bis 10° C. Diese sind bei einigen Echeverienarten zur Blütenbildung nötig, die bei Temperaturen über 21° C unterbleibt.
Neben der Intensität des Lichts ist die Tageslänge für Pflanzen von Bedeutung. Unsere Sommertage werden als Langtage, die Wintertage als Kurztage bezeichnet. Im Zwölfstundentag am Äquator herrschen ganzjährig Kurztagsverhältnisse. Viele Pflanzen werden durch bestimmte Tageslängen zur Bildung von Blüten veranlaßt, oft in Verbindung mit bestimmten Temperaturbereichen. In Gärtnereien werden beispielsweise Chrysanthemen im Sommer durch eine Verlängerung der nächtlichen Dunkelheit (Kurztag) zur Blütenbildung gezwungen. Der Einfluß der Tageslänge auf die Blütenbildung wurde von Wissenschaftlern zuerst bei der sukkulenten *Kalanchoe blossfeldiana* erkannt. Auch die im Frühjahr blühende *Echeveria derenosa* ist eine Kurztagspflanze. Sie verträgt im Winter Temperaturen wenig über dem Gefrierpunkt, wenn sie gleichzeitig von Ende Oktober bis zum Erscheinen der Blütenknospen im Januar/Februar kein Wasser bekommt. Die ganz geschrumpften Pflanzen kommen dann an ein helles Wohnzimmerfenster, werden gegossen und danken diese Roßkur durch einen besonders reichen Blütenflor.

*Echeverien-Blätter werden als Stecklinge vom Stamm abgebrochen*

## Gasaustausch, Wasser und Ernährung

Wir haben schon erwähnt, daß die Sonnenstrahlung die Pflanze zur Abgabe von Wasserdampf zwingt. Da dieser Verlust in wasserarmen Gebieten zum Austrocknen und zum Tod der Pflanzen führen kann, haben sich die Sukkulenten mit zahlreichen, zum Teil raffinierten Einrichtungen gegen Wasserverlust geschützt. Schutz vor der Abgabe von Wasserdampf über die Spaltöffnungen der Pflanze bedeutet aber auch eine Behinderung des Gasaustausches. Dieser Austausch besteht in der Aufnahme von Kohlendioxyd ($CO_2$) und der Abgabe von Sauerstoff ($O_2$).
Sukkulenten kennen wir als große Lebenskünstler, die Wasser speichern und so sparsam verwenden, daß sie damit regenlose Zeiten überstehen können. Dies darf aber nicht zu dem Trugschluß führen, daß Sukkulenten ohne Wasser wachsen und sich vermehren könnten. Trockenzeiten sind meist Ruhezeiten, während die Entwicklung von Blüten und Früchten sowie das weitere Wachstum von Wurzeln, Stämmen und Blättern auch bei den Sukkulenten in der meist sommerlichen Regenzeit vor sich geht. Nur im Klima der Subtropen und im mediterranen Klimagebiet fallen die Niederschläge vorwiegend im Winter. Wasser ist wichtiger Bestandteil der Pflanzenzelle und Transportmittel für Nähr- und Reservestoffe. Auch der Boden in den Sukkulenten-Gebieten enthält die für das Pflanzenwachstum notwendigen Nährstoffe. Stickstoff (N), Phosphor (P), Kali (K), Eisen (Fe), Kupfer (Cu) und weitere Nährstoffe werden durch das Wasser der Niederschläge oder vom Grundwasser gelöst. Kalk (Ca) spielt eine besondere Rolle für das Gefüge des Bodens und seine Reaktion.
Daraus folgert für die Ernährung unserer Sukkulenten: Wenn Sukkulenten im Sommer wachsen sollen, müssen wir ihnen die benötigten Nährstoffe zur Verfügung stellen. Das kann über Düngesalze im Boden erfolgen oder durch im Gießwasser gelöste Volldünger. Im Vergleich zu den schneller wachsenden Pflanzen mit normalen Laubblättern benötigen Sukkulenten geringere Mengen. Eine Düngerlösung mit einem Gramm Volldünger auf einen Liter Wasser können wir im Sommer alle ein bis zwei Wochen verabreichen. Mit Stickstoff überdüngte Sukkulenten sind unharmonisch ernährte Pflanzen, anfällig für Krankheiten und

Schädlingsbefall. Man verwendet entweder die in Fachgeschäften angebotenen Kakteendünger oder sogenannte Blütendünger. Auch sie erthalten weniger Stickstoff.

## Boden und Substrate

Der Boden ist ein kompliziertes Gefüge aus festen Bestandteilen und Hohlräumen, deren Größe außerordentlich schwankt. Je nach Feuchtegrad des Bodens enthalten diese Hohlräume entweder Wasser oder Luft. Mit Erde gefüllte Blumentöpfe und Pflanzschalen, Behälter aus Ton, Keramik und Plastik sind der Ersatz für den Boden am natürlichen Pflanzenstandort. Während die Pflanze dort einen großen Raum durchwurzeln und ihm Wasser und Nährstoffe entziehen kann, ist sie im Blumentopf gewissermaßen eingekerkert.
Sukkulenten haben in ihrer Heimat zwei Möglichkeiten, sich das lebensnotwendige Wasser zu beschaffen: Einige bilden eine tiefgehende, meist fleischige Pfahlwurzel aus, die an das Wasser in tieferen Bodenschichten reicht. Die meisten Sukkulenten breiten ihr Wurzelwerk wie das Fangnetz einer Spinne flach im Boden aus, um möglichst viel vom Wasser der seltenen Regenfälle aufnehmen zu können. Somit haben eigentlich alle Sukkulenten Schwierigkeiten, mit dem geringen Wurzelraum eines kleinen Blumentopfs fertig zu werden.
Da wir langsamwachsende Sukkulenten selten verpflanzen, muß die Erde stabil sein. Die Bodenteile dürfen sich beim Gießen nicht auflösen und die für Wasser- und Luftaustausch notwendigen Hohlräume verstopfen.
Es gab früher unzählige Rezepte für die Herstellung von Sukkulenten-Erden. Verwendet wurden Komposterde, Lauberde, Sand, Torf und viele andere, meist organische Zusätze. Fehlschläge mit solchen Erden entstanden durch die von Jahr zu Jahr wechselnde Beschaffenheit der einzelnen Bestandteile. So kommt es beim Kompost auf die Abfälle an, aus denen er entstanden ist. Auch Behandlung und Alter spielen eine Rolle. Lauberde besteht aus verrotteten Blättern. Da diese Blätter von verschiedenen Baumarten (Buche, Eiche, Kastanie, Linde) stammen können, ist auch die Lauberde von unterschiedlicher Zusammensetzung.
Um dieser für die Anzucht von gesunden Pflanzen abträglichen Unsicherheit abzuhelfen, entwickelten Wissenschaftler in den letzten Jahrzehnten zahlreiche »Industrieerden«, die auch als Pflanzsubstrate bezeichnet werden. Sie können aus Ton, Torf, aufgeschäumten Kunststoffen und anderen Materialien bestehen und sind immer in gleicher Zusammensetzung und Qualität erhältlich. Dies bezieht sich auch auf den Anteil an Düngesalzen. Bekannte Pflanzsubstrate sind Torfkultursubstrat (TKS), Einheitserde und reine Mineralerden. Zu ihnen gehören Bimskies, Lavalit und andere Naturprodukte aus früherer Vulkantätigkeit. Sie alle erfüllen die wichtigsten Anforderungen an diese Erden, die stabil sein sollen, gut durchlüftet und mit ausreichendem Speichervermögen für Wasser und Nährstoffe.

## Pflanzgefäße

Wie das Substrat in den Pflanzgefäßen nur ein Ersatz für den Boden vom Heimatstandort der Pflanze ist, sind auch die Pflanzgefäße nur ein Behelf. Sie machen es möglich, daß wir uns an Pflanzen in unseren Wohnungen, auf Balkons, auf Plätzen und in Fußgängerzonen erfreuen können. Es lohnt sich also, sich etwas eingehender mit ihnen zu beschäftigen.
Dabei ist grundsätzlich festzuhalten: Pflanzen können in fast allen Behältern wachsen, sofern diese vor dem Gebrauch von eventuellen Resten pflanzenschädlicher Stoffe gesäubert werden. In vielen Touristengebieten der Erde kann man herrliche Blütenpflanzen in Konservendosen oder alten Benzinfässern bewundern. Tröge aus Naturstein oder Holz eignen sich hervorragend für die winterharten Sukkulenten im Dachgarten, und häufig werden Sukkulenten in Blumengeschäften in Keramikschalen angeboten. Schließlich gibt es noch den traditionellen Tontopf und seinen modernen Konkurrenten aus Plastik oder Schaumstoff. Auch flache Schalen für die Aussaat oder Stecklingsvermehrung von Sukkulenten gibt es aus den gleichen Materialien. Alle diese Gefäße sind brauchbar; alle haben Vor- und Nachteile. Entscheidend ist nur, daß wir unsere Pflegemaßnahmen darauf einstellen!
Neue Tontöpfe müssen vor dem Gebrauch gewässert werden. Sie sind zunächst gut durchlässig für Luft und Wasser. Wir müssen häufig gießen und haben durch die Verdunstungskälte etwas niedrigere Temperaturen im Wurzelraum der Pflanze. Später werden Tontöpfe durch Algen und ausgewaschene Salze unansehnlich und fast undurchlässig. Die Pflanzenwurzeln befinden sich fast ausschließlich an der Topfwand, wo sie leicht durch Trockenheit leiden.
Die Wände von Plastiktöpfen sind undurchlässig für Wasser und Luft. Da der Gasaustausch nur über die Bodenoberfläche und die Abzugslöcher im Topf erfolgt, wird der gesamte Topfraum gleichmäßig durchwurzelt. Im Winter müssen wir sparsamer gießen als in neuen Tontöpfen.
Gefäße ohne Wasserabzug (Keramiktöpfe und -schalen) sind nur bedingt und kurzfristig für Sukkulenten geeignet. Nur Sukkulenten aus feuchteren Gebieten, wie der Bogenhanf *(Sansevieria),* können längere Zeit problemlos in Keramikgefäßen stehen.
Für die wenigen Tiefwurzler unter den Sukkulenten reichen normale Töpfe nicht aus. Wir benutzen in diesen Fällen die extra hohen Baumschultöpfe oder Dränagerohre aus Ton.
Von allen Pflanzgefäßen sind flache Schalen besonders für das Jugendstadium der Sukkulenten zu empfehlen. Der Wurzelraum ist seitlich nicht beengt, und die Schwankungen der Temperatur und der Feuchte sind geringer. Außerdem bildet sich in dem Pflanzenbestand ein günstigeres Kleinklima, das dem Wachstum der Sämlinge oder Stecklinge förderlich ist. Deshalb sollten neu gekaufte Sukkulenten aus den kleinen Töpfen sofort in Schalen umgepflanzt werden. Blühfähige Pflanzen und kräftige, gut bewurzelte Stecklinge können dann in Einzeltöpfe gepflanzt werden.

# Pflegearbeiten

Sukkulenten, die im Sommer das volle Sonnenlicht eines Südfensters und auch zeitweilige Trockenheit vertragen, benötigen sicherlich einen geringeren Zeitaufwand für ihre Pflege als andere Zimmerpflanzen. Wer aber meint, sich überhaupt nicht um sie kümmern zu brauchen, wird schnell seine wertvollsten Pflanzen verlieren.
Pflanzen mit normalen Laubblättern lassen durch die Stellung der Blätter und ihre Färbung erkennen, ob sie optimal versorgt sind oder nicht. Wenn ihre Blätter welken, sich verfärben und abfallen, sind das sichere Zeichen für Störungen im Haushalt der Pflanze. Wasser- oder Nährstoffmangel, Sauerstoffmangel im Wurzelraum, Krankheiten oder Schädlinge können die Ursache sein. Nach gründlicher Untersuchung der Pflanze und ihres Wurzelballens kann man für Abhilfe sorgen.
Den Sukkulenten fehlen die empfindlichen Laubblätter, die ein Unwohlsein der Pflanze sofort signalisieren können. So kann es Wochen dauern, bis sich nach einer Wachstumsstörung das Blattgrün im Pflanzenkörper von Sukkulenten sichtbar verändert. Wir müssen sie also aufmerksam beobachten, um uns vor Pflanzenverlusten zu schützen.

### Das Gießen

Es ist falsch, zu behaupten, Sukkulenten dürften immer nur vorsichtig gegossen werden. Richtig ist dagegen, daß sie an der Berührungsstelle von Erde und Außenluft besonders empfindlich sind. Wir müssen darauf achten, daß im Winter der sogenannte Wurzelhals entweder ganz trocken bleibt oder schnell wieder abtrocknet.
Wer einmal die härteren Sukkulenten nach einem ausgiebigen Regen im Garten oder auf dem Balkon gesehen hat, wird die gute Wirkung einer großen Menge Wasser bestätigen. Zum Wachstum ist das Wasser für Sukkulenten ebenso lebensnotwendig wie für alle Pflanzen.
Im Garten, im Frühbeet oder im Gewächshaus gießen wir im Sommer mit der Brause. Auf dem Fensterbrett müssen wir Töpfe und Schalen einzeln gießen, an lichtarmen Tagen nur in die Untersetzer. Pflanzen aus Küstenwüsten mit starker Nebelbildung werden mit einem Zerstäuber besprüht. Wassergaben richten sich grundsätzlich nach dem Angebot an Licht und Temperatur. Im Gegensatz zum Regenwasser ist das aus dem Grundwasser stammende Leitungswasser selten ein gutes Gießwasser. Um bei sehr hartem Wasser eine Veränderung der Bodenreaktion zu verhindern, empfiehlt sich in diesem Fall die Beigabe von Schwefelsäure oder Oxalsäure zum Gießwasser. Auch mit Hilfe von Torf kann man Gießwasser enthärten.

### Das Verpflanzen

Wir hatten festgestellt, daß Pflanzgefäße mit den darin befindlichen Pflanzsubstraten (Erden) kein idealer Aufenthalt für die Wurzeln von

*Schnitt eines Kopfstecklings*

Sukkulenten sind. Hinzu kommt, daß sich auch gute Substrate mit der Zeit verändern, daß die Hohlräume verstopfen und so den Zutritt von Luft erschweren. Deshalb ist es notwendig, etwa alle zwei Jahre das Substrat und die Pflanzgefäße zu erneuern.
Hierzu lautet eine wichtige Regel: Verpflanzt wird grundsätzlich zu Beginn der Vegetationsperiode.
Bei den meisten Sukkulenten liegt die Vegetationsperiode im Frühjahr oder Sommer. Zu dieser Zeit sind die Pflanzen in der Lage, schnell neue Wurzeln zu bilden. Diese Wurzelbildung fördert nicht nur wegen der besseren Nährstoffaufnahme das Wachstum der Pflanze. Gesunde Wurzeln sind auch die Voraussetzung für ein schadloses Überstehen der Ruheperiode.
Beim Verpflanzen wird das alte Substrat schonend aus dem Wurzelballen entfernt, abgestorbene Wurzeln werden abgeschnitten. Das neue Substrat soll feucht aber nicht naß sein. Die alten Gefäße werden durch solche mit nur wenig größerem Durchmesser ersetzt. Nach dem Verpflanzen wird mäßig angegossen und zunächst schattig aufgestellt. Erst

nach der Neubildung von Wurzeln gewöhnen wir die Sukkulenten wieder an volles Licht.
Das Teilen von Blattsukkulenten, die an einer Pflanze mehrere Blattrosetten oder ganze Polster gebildet haben, kann in einem Arbeitsgang mit dem Verpflanzen geschehen.

## Vermehrung

Bei dem großen Angebot an Sukkulenten in Blumengeschäften, auf Wochenmärkten und in Spezialgärtnereien ist es kein Problem die verschiedensten Pflanzen für eine Sammlung zu kaufen.
Diese bequeme Art der »Vermehrung« ist sicher nicht das, was Pflanzenfreunde darunter verstehen. Sie möchten teilnehmen an der Entwicklung vom Samen oder Steckling bis zur blühenden Pflanze. Man erreicht damit außerdem, daß diese Pflanzen besser an das Kleinklima in der Fensterbrettsammlung angepaßt sind. Pflanzenfreunde beginnen mit dem Kauf, sammeln Erfahrungen in der Pflege und gehen als Fortgeschrittene daran, selbst auszusäen oder durch Stecklinge zu vermehren.
Samen von Sukkulenten kann man von eigenen Pflanzen ernten oder von Spezialfirmen kaufen. Diese inserieren in den Zeitschriften von Gesellschaften, deren Mitglieder sich mit Kakteen und anderen Sukkulenten beschäftigen.

### Samengewinnung und Aussaat

Voraussetzung für die Ernte von Samen in der eigenen Pflanzensammlung ist das Vorhandensein von mindestens zwei Pflanzen der gleichen Art, die gleichzeitig blühen. Mit einem Tuschpinsel wird der Pollen der einen Blüte auf die Narbe der anderen übertragen und der gleiche Vorgang in der anderen Richtung wiederholt. Um ungewollte Kreuzungen zwischen verschiedenen Arten zu verhindern, müssen die Blüten vor und nach der Bestäubung durch ein Gewebe, beispielsweise einen Perlonstrumpf, geschützt werden. Da die Früchte der Arten von *Euphorbia* die Samen bei der Reife fortschleudern, läßt man bei ihnen das Gewebe bis zum Aufplatzen der Früchte an den Pflanzen.
Samen müssen gründlich getrocknet und gesäubert werden, ehe man sie kühl und trocken aufbewahrt. Sie behalten dann für mehrere Jahre ihre Keimfähigkeit.
Zur Aussaat benötigen wir Töpfe oder Schalen, die zuvor mit pilztötenden Mitteln desinfiziert wurden. Als Substrat verwenden wir TKS, Bimskies, Perlite oder andere. Nach der Aussaat wird angegossen. Das Keimen der Samen dauert meist nur wenige Tage. Während dieser Zeit halten wir die Aussaat schattig, da Keimlinge sehr empfindlich gegen Trockenheit sind. Raschwachsende Sukkulenten wie zum Beispiel *Aloe* werden noch im gleichen Sommer pikiert, also in größerem Abstand ausgepflanzt, andere bleiben bis zum nächsten Jahr in den Aussaatgefäßen.

### Vegetative (ungeschlechtliche) Vermehrung

Vegetative Vermehrung nennt man die Vermehrung durch Brutpflanzen, Stecklinge und durch Teilung. Auch sie sollte wie die Aussaat im Frühjahr oder Sommer erfolgen. Ist von einer Art kein Samen zu bekommen, so bleibt diese Art der Vermehrung die einzige Möglichkeit. Sie kommt auch bei einigen Wildpflanzen vor. *Kalanchoe daigremontiana* bildet auf den Blättern komplette Brutpflanzen aus, die auf den Boden fallen und dort weiterwachsen. Brutpflanzen werden wie Sämlinge behandelt.
Stecklinge von Sukkulenten können wir aus verschiedenen Teilen der Pflanze gewinnen. *Echeverien* und die meisten Arten von *Crassula, Kalanchoe, Sedum* und anderen vermehren wir vorwiegend durch Blattstecklinge. Die langen Blätter des Bogenhanfs *(Sansevieria)* lassen sich in Teilstücke zerschneiden, die alle neue Pflanzen bilden können. Festsitzende Blätter werden mit dem Messer geschnitten, andere mit einer leichten Drehung vom Stamm abgezogen.
Der Schnitt von Kopf- oder Stammstecklingen erfolgt senkrecht zur Sproßachse, damit die Schnittfläche so klein wie möglich bleibt. Blatt- und Kopfstecklinge von Sukkulenten werden nicht sofort gesteckt. Sie bleiben einige Tage im Schatten liegen, damit die oft schleimige Schnittstelle gut abtrocknet. Bei längerer Lagerung bilden sich oft schon Wurzeln.
Als Vermehrungssubstrat verwenden wir eine Mischung aus Torf und Sand, auch Perlite oder andere Substrate. In der Regel werden die Stecklinge senkrecht in das zuvor angefeuchtete Substrat gesteckt. Eine Ausnahme machen die Blattstecklinge. Wir stecken sie entweder schräg *(Kalanchoe, Echeveria)* oder legen sie waagerecht *(Sedum stahlii)* auf das Substrat. Stecklinge von Sukkulenten werden nur mäßig feucht gehalten. Sie besitzen in ihren Zellen ausreichend Wasser, das ihnen die Bildung neuer Wurzeln auch ohne Wasserzufuhr möglich macht.
Bewurzelte Kopfstecklinge sind vollständige Pflanzen, die sofort in entsprechende Töpfe gepflanzt werden. Bewurzelte Blattstecklinge werden zunächst pikiert und erst dann eingetopft, wenn sich der neue Sproß gebildet hat.

### Das Pfropfen

In vielen Gärten finden wir Pflanzen, die gepfropft sind. In ihnen ist eine aus den Wurzeln und einem Teil des Sprosses bestehende Unterlage mit einem daraufgesetzten Pfröpfling zu einer Pflanze vereint. Diese auch bei Kakteen sehr beliebte Methode ist für andere Sukkulenten nur selten erforderlich. Wir sollten sie nur anwenden, wenn wir wurzelempfindliche und wertvolle Pflanzen nur auf diese Weise vermehren und erhalten können.
Unter den Seidenpflanzengewächsen *(Asclepiadaceae)* finden wir in den Gattungen *Caralluma, Hoodia* und *Trichocaulon* solche empfindlichen Pflanzen. Wir pfropfen sie auf die Knollen von *Ceropegia woodii* oder auf den Sproß von *Stapelia gigantea.*

Mit einem scharfen Messer oder einer Rasierklinge schneiden wir zunächst die Sproßspitze der Unterlage waagerecht ab und noch eine dünne Scheibe von der Unterlage, die wir als Schutz vor dem Austrocknen auf der Unterlage liegen lassen. Dann wird der Pfröpfling in Form einer genügend langen Sproßspitze geschnitten, die Scheibe von der Unterlage abgezogen und der Pfröpfling sofort aufgesetzt. Entscheidend für das Gelingen ist, daß die Leitbündel (langgestreckte, dem Transport dienende Pflanzenzellen) beider Teile wenigstens an einer Stelle übereinanderstehen und so die Leitungsbahnen beider Pflanzenteile miteinander verbunden sind. Die Schnittstellen verwachsen, wenn in den ersten Tagen mit Hilfe von Gummibändern oder spezieller Apparate der Pfröpfling auf die Unterlage gedrückt wird. Das Pfropfen ist eine Arbeit für Fortgeschrittene; doch sind auch sie einmal Anfänger gewesen.

## Pflanzenschutz

Die wichtigste Aufgabe des Pflanzenschutzes ist es, Pflanzenschäden durch Krankheiten und tierische Schädlinge zu vermeiden.
In der ungestörten Natur stehen alle Lebewesen im ständigem Konkurrenzkampf untereinander. Es bildet sich ein ökologisches Gleichgewicht, das aber keine friedliche Idylle ist. Alle Teile dieses Systems sind an ihre Umwelt angepaßt. Pilzkrankheiten, Blattläuse und andere Schädiger gibt es auch dort, nur kann keiner von ihnen überhandnehmen. Auch sie haben ihre natürlichen Feinde.
Wie anders sieht es dagegen auf dem Fensterbrett unserer Wohnung aus! Die natürlichen Feinde der Schädlinge fehlen, oft, weil wir sie bei der chemischen Bekämpfung jener mit vernichtet haben. Lichtmangel und hohe Zimmertemperaturen schwächen unsere Sukkulenten im Winter, kein nächtlicher Tau erfrischt die Pflanzen. So sind sie schon geschwächt, ehe sie von ihren Feinden heimgesucht werden. Daher lautet eine wichtige Regel: Gesunde, wüchsige Pflanzen, deren Pflege sich nach dem Rhythmus von Wachstum und Ruhe richtet, sind wenig anfällig. Eine weitere vorbeugende Maßnahme ist die Pflanzenhygiene. Pflanzenreste, abgefallene Blätter und eingetrocknete Blüten müssen rechtzeitig entfernt werden.
Zur Bekämpfung von Schadinsekten und Pilzkrankheiten, Bakteriosen und Virosen werden die gleichen Mittel wie für andere Zierpflanzen verwendet. Da die Industrie ständig neue Mittel entwickelt, sollte man im Bedarfsfall in Fachgeschäften danach fragen. Unangenehm sind Woll- und Schmierläuse, die sich an unzugänglichen Stellen, zwischen dichtsitzenden Blättern zum Beispiel, ansiedeln. Systemische Mittel befördern die Wirkstoffe in der Pflanze auch an die Fraßstellen dieser Schadinsekten. Wurzelläuse treten verstärkt in der Trockenzeit und bei zu hohen Temperaturen auf. Man entdeckt sie beim Verpflanzen und bekämpft sie mit Mitteln, die als Pulver dem Substrat zugesetzt oder mit dem Gießwasser verabreicht werden.

*Kopfstecklinge vor dem Stecken*

*Kopfstecklinge (links) und Blattstecklinge (rechts) zur Bewurzelung in Perlite gesteckt*

Um das Auffinden bestimmter Pflanzen in den folgenden Beschreibungen zu erleichtern, gehen wir nicht nach der Wichtigkeit einer Gattung, sondern nach dem Alphabet vor.
Sofern Blüten bei einzelnen Arten nicht beschrieben sind, entsprechen sie der Gattungsbeschreibung. In einigen Fällen sind sie unerwähnt, da sie unansehnlich und für den Wert der Pflanze ohne Bedeutung sind.

## AGAVACEAE (Agavengewächse)

Zur Familie der Agavengewächse gehört nur eine einzige Gattung: *Agave,* von der mehr als 300 Arten beschrieben sind. Agaven sind in Nord-, Mittel- und Südamerika beheimatet und wurden von dort als Zier- oder Nutzpflanzen in andere Gebiete der Erde gebracht, wo sie zum Teil verwilderten. Wie die Palmen sind Agaven geradezu das Symbol für Touristenparadiese mit garantiertem Urlaubswetter.
Agaven bilden als Nutzpflanzen eine wichtige Erwerbsquelle für die Bewohner von Mexiko und Bangladesch. Der zuckerhaltige Saft liefert den Rohstoff für das mexikanische Nationalgetränk Pulque und die Fasern werden zu Sisal verarbeitet.
Agaven wachsen als dichte oder lockere Rosetten aus sukkulenten, oft durch Fasern verstärkten Blättern. Aus dieser Rosette erscheint nach Jahren oder Jahrzehnten ein Blütenstand, der bei vielen Arten mehrere Meter hoch wird und neben den Samen auch Brutpflanzen enthalten kann. Nach der Samenreife stirbt die Rosette der meisten Arten ab, nachdem zuvor durch Ausläufer neue Pflanzen gebildet wurden. Agaven sind also typische Sukkulenten, die ihren Fortbestand durch verschiedene Vermehrungsarten sichern: durch Samen, Brutpflanzen und Ausläufer.
Einige kleinbleibende Arten wie *A. victoriae reginae* eignen sich für Zimmer und Balkon. Andere, wie die bekannte *A. americana* und ihre gelb- oder weiß-bunten Varietäten, sind Blickfang in botanischen Gärten

*Agave atrovirens im Hochland von Mexiko*

und den schon erwähnten Urlaubsparadiesen am Mittelmeer und in der Karibik. Im Sommer können diese imponierenden Pflanzengestalten auch unserem Garten in Mitteleuropa einen Hauch Exotik verleihen, nachdem sie den Winter in einem kühlen, aber trockenen Keller verbracht haben. Beim Transport Vorsicht mit den in einen Dorn auslaufenden Blattspitzen! Einige Agaven sind auch bedingt winterhart. Alle verlangen kräftige, schwere Erde und volle Sonne.

**Agave**

- *atrovirens* bildet große Rosetten mit aufrecht abstehenden olivgrünen Blättern, die am Rand und in der Spitze Stacheln tragen und in Mexiko bis 1,70 m lang werden. Eine Pflanze kann bis zu 1000 l Saft liefern, der 12 bis 15% Zucker enthält, aus dem das mexikanische Nationalgetränk Pulque gewonnen wird.
- *americana* ist die bekannteste Art, die wir angepflanzt oder verwildert auch am Mittelmeer antreffen. Die bis zu 1,75 m langen, gezähnten und an der Spitze oft überhängenden Blätter stehen in lockeren Rosetten, die oft einen Durchmesser bis zu 3 m haben. Auffälliger als die graugrünen Blätter dieser Art sind die der *var. marginata,* deren Blattränder gelblichweiß bis goldgelb gestreift sind. Diese Varietät bildet wie *A. americana* leicht Kindel, so daß sich eine Vermehrung durch Aussaat erübrigt. Junge Pflanzen lassen sich in den ersten Jahren auch in der Wohnung unterbringen. *A. americana var. mediopicta* ist weniger wüchsig und seltener anzutreffen. Hier sind die Blattränder wie bei der *var. striata* grün, die Blattmitte ist gelb oder cremefarben gestreift.
- *attenuata* hat einen geringeren Durchmesser und im Alter einen bis zu 1 m hohen Stamm. Die grünen, weißbereiften Blätter werden bis 50 cm lang und 20 cm breit. Der Blütenstand ist nickend und trägt Brutpflanzen.
- *bracteosa* bildet kleinere Rosetten, die bis zu 80 cm Durchmesser erreichen und an eine Ananaspflanze erinnern. Die graugrünen Blätter sind schmal, biegsam und wenig sukkulent.
- *filifera* hat ebenfalls zahlreiche schmale Blätter, die ca. 20 cm lang werden. Sie stehen steif aufrecht und ihr Grün kontrastiert mit den hellen Linien auf der Oberseite und der Hornleiste am Blattrand.
- *horrida* trägt ihren Namen »schreckliche Agave« zu Recht. Wer einmal den vielblättrigen, fast kugelförmigen Rosetten mit einem Durchmesser von 60 cm zu nahe gekommen ist, wird das bestätigen. Trotzdem eine interessante Art, deren Blütenstand bis zu 4 m hoch werden kann. Vermehrung nur durch Samen.
- *sisalana,* bekannt als Sisal-Agave, wird auf flachen, sehr steinigen Böden der Halbinsel Yucatan angebaut, auf denen der Buschwald zuvor abgebrannt wurde. Die sehr steifen Blätter sind bis 1,80 m lang und stehen auf einem meterhohen Stamm. Nach drei Jahren werden sie geerntet und zu Sisal verarbeitet.

*Agave bracteosa ähnelt einer Ananas-Pflanze. Aufnahme aus einem privaten Botanischen Garten an der Costa Brava.*

- *victoriae reginae* aus dem Gebiet von Monterrey (Mexiko) ist die auffälligste und schönste aller Agaven. Die dichten Rosetten mit steifen, bis 15 cm langen Blättern bilden keine Ausläufer. Die mattgrünen Blätter sind am Rücken gewölbt, an der Spitze gekielt und mit weißem Hornrand und weißen Linien gezeichnet. Ähnlich, aber nicht ganz so schön ist
- *fernandi regis* mit lockerer Rosette, geringerer Zeichnung und schwarzem Endstachel.

## AMARYLLIDACEAE (Rittersterngewächse)

Aus dieser Familie kennen viele Pflanzenfreunde den fälschlich als Amaryllis bezeichneten Ritterstern *(Hippeastrum)* aus Südamerika, dessen Zwiebel im Frühjahr Blüten in vielen Farben hervorbringt. Große Ähnlichkeit mit Agaven hat ein sukkulenter Vertreter dieser Familie,

**Furcraea (Fourcroya)**

– *selloa var. marginata;* die schmalen, gelbgerandeten Blätter dieser Pflanze werden bis zu 1 m lang. Sie sind schmaler und weniger fleischig als bei der entsprechenden Agavenart. In der Heimat Kolumbien werden die Blütenstände 6 m hoch.

## APOCYNACEAE (Hundsgiftgewächse)

Erst durch die Arbeiten von Professor Dr. Werner Rauh, Direktor des Botanischen Gartens Heidelberg, sind in den letzten Jahren aus der Familie der Hundsgiftgewächse die sehr schönen Gattungen *Adenium* und *Pachypodium* vielen Pflanzenfreunden zugänglich geworden.

**Adenium**

– *obesum* ist wie andere Arten dieser Gattung in Ostafrika (Kenia) beheimatet. Die Basis des Stammes bildet eine Knolle, an der die sukkulenten Äste sitzen, die in der Heimat bis zu 2 m hoch werden. Die verschiedengestaltigen Blätter sitzen in Büscheln an den Astenden. Die glockigen Blüten sind karminrot mit heller Zeichnung und ein auffälliger Schmuck für jede Sukkulentensammlung.

**Pachypodium**

Wenige Sukkulenten haben sich in den Blumengeschäften und Sammlungen so schnell ihren Platz erobert wie Pflanzen dieser Gattung. Ihre Heimat ist das südwestliche Afrika von Angola bis zum Namaqualand sowie die Trockengebiete der Insel Madagaskar. Besonders die madagassische Art, *P. geayi,* wird als sogenannte »Madagaskar-Palme« heute in großen Mengen in Spezialgärtnereien herangezogen. Sie gehört zur Gruppe der baumförmigen Pachypodien, die hohe sukkulente Stämme mit einer Krone dünner Äste ausbilden. Die andere Gruppe ähnelt *Adenium* und bildet flache, oft bucklige Knollen mit kurzen Ästen. Beide Gruppen sind wegen ihrer Wuchsform sowie als ältere Pflanzen wegen ihrer weißen, gelben und roten Blüten unentbehrlich für die Sammlung. Pachypodien benötigen auch im Winter Wärme und entsprechende Wassergaben.

– *baroni* stammt aus dem Norden Madagaskars und blüht wie die *baroni var. windsori* rot. Der sukkulente, wenig verzweigte Sproß besitzt Dornen und im Alter eine Knolle. Diese Art blüht besonders schön und reichlich.

*Adenium obesum, oben*

*Pachypodium baroni, unten*

– *brevicaule* ist mit seinen silbergrauen, klumpigen Sprossen kaum vom umgebenden Gestein im Hochland Madagaskars zu unterscheiden. Zu diesem leblos erscheinenden Pflanzenkörper bilden die zahlreichen leuchtendgelben Blüten einen wirkungsvollen Gegensatz.
– *geayi* (siehe auch oben) ist trotz des Namens »Madagaskar-Palme« keine Palme, doch ebenso wie diese eine dankbare Zimmerpflanze. An einem bedornten, sukkulenten Stamm sitzen bei jungen Pflanzen noch zahlreiche dunkelgrün glänzende, lanzettliche Blätter. Bei Trockenheit und ungünstigen Lichtverhältnissen (Winter) fallen die unteren Blätter ab. Der dicke Stamm mit dem verbliebenen Blattschopf erinnert an eine Palme, woher auch der deutsche Name rührt. Die weißen Blüten erscheinen nur an alten Pflanzen.
– *lameri* ähnelt der eben beschriebenen; nur ihre Blätter sind breiter.
– *saundersii* gehört gleichfalls zu den raschwüchsigen Arten. Sie stammt aus Südafrika und trägt weiße Blüten mit roten Streifen.

## ASCLEPIADACEAE (Seidenpflanzengewächse)

Diese Familie wird als die der Seidenpflanzen- oder Schwalbenwurzgewächse bezeichnet. Während die Gattung *Stapelia* mit unverwüstlichen, leichtwachsenden Vertretern seit langem überall in Blumenfenstern anzutreffen ist, ist zum Beispiel *Trichocaulon* schwer im Zimmer zu pflegen. Dennoch bietet diese Pflanzenfamilie mit sehr verschieden geformten und oft prächtigen Blüten für jeden Sukkulentensammler etwas Passendes. Neben Stammsukkulenten gehören auch Schlinger wie die Porzellanblume *(Hoya carnosa)* oder die zierliche Ampelpflanze *Ceropegia woodii* dazu.

### Caralluma

Das Hauptverbreitungsgebiet dieser Gattung erstreckt sich von Ostafrika bis Indien. Eine Ausnahme bildet
– *europaea,* die auf der Insel Lampeduse und mit ihrer *var. confusa* auf dem spanischen Festland beheimatet ist. Sie wächst ähnlich *Stapelia* mit aufrechten Trieben und stellt in der Pflege geringe Ansprüche. Die ringförmig gestreiften Blüten sind klein.
– *dummeri* kommt aus Tanganyika und Kenia. Die vierkantigen oder rundlichen Stämmchen sind gezähnt. Mit den olivgrünen, weißborstigen Kronzipfeln der bis zu 4 cm großen Blüten ist diese Art aufregend schön.

*Pachypodium brevicaule, oben*

*Caralluma dummeri, unten*

*Ceropegia distincta*

- *subterranea* gehört gleichfalls zu den leichtwachsenden Arten. Ihr Name weist auf die unterirdischen Ausläufer hin, aus denen sich die bis zu 10 cm hohen Stämmchen entwickeln. Die Zipfel der Blumenkrone sind braun oder zitronengelb gefärbt.

**Ceropegia**

Wesentlich mannigfaltiger ist diese Gattung, zu der neben Pflanzen mit hochsukkulenten, oft windenden Sprossen auch Knollensukkulenten oder nichtsukkulente Arten mit normalen Laubblättern gehören.
- *dichotoma* ist eine Art von den Kanarischen Inseln. Ihre grünen Sprosse werden bis zu 1 m hoch, verzweigen sich gabelig und sind durch Einschnürungen gegliedert. Die in der Vegetationszeit gebildeten schmalen Blätter fallen in der Ruhezeit ab. Die gelblichgrünen Blüten sind unscheinbar. Diese Pflanze ist leicht zu pflegen, ebenso wie die
- *distincta,* deren eigenartige, gefleckte Blüten auf windenden, kahlen Sprossen sitzen. Die Heimat dieser Pflanze ist die Insel Sansibar.
- *woodii* läßt sich mit ihren hängenden, dünnen Trieben und den herzförmigen, graugrün gefleckten Blättern gut als Ampelpflanze verwenden. Daneben sind die Knollen dieser Art, die sich auch in den Blattachseln bilden können, eine gute Unterlage zum Pfropfen empfindlicher Schwalbenwurzgewächse. Die Blüten dieser aus Natal stammenden Art sind unscheinbar.

**Duvalia**

Diese Gattung ist durch Arten vertreten, die in Aussehen und Pflege den Stapelien ähnlich sind.
- *maculata* aus der Kap-Provinz bildet mit kurzen, niederliegenden Stämmchen ganze Rasen. Der Blütenring ist weiß mit violetten Flekken, die Blütenzipfel sind schokoladenbraun.

**Echidnopsis**

Die Pflanzen dieser Gattung, die ebenfalls den Stapelien ähneln, sind von Südarabien bis Südafrika verbreitet. Die oft niederliegenden, fleischigen Stämmchen gaben dieser Gattung den Namen »Schlangenähnliche«.
- *cereiformis* bildet an den Unterseiten der niederliegenden Stämmchen Wurzeln. Die aus dem Yemen stammende Art hat in Scheitelnähe der gefelderten Sprosse kleine, glockige Blüten, die innen hellgelb, außen bräunlich sind.

**Hoya**

Als Porzellan- oder Wachsblume ist dieses Gewächs eine altbekannte Zimmerpflanze. Dies gilt besonders für
- *carnosa,* deren schlingende Triebe an einem Spalier aufgebunden werden. Die ledrigen, gewachst erscheinenden Blätter sind eirund. An Porzellan erinnern die Dolden weißer Blüten mit roter Mitte, die im Sommer zahlreich erscheinen. *carnosa var. variegata* heißt eine Varietät mit gelblichweißen, oft rot gerandeten Blättern.
- *bella* ist besonders zierlich. Nicht nur wegen ihrer leicht überhängenden Zweige, sondern auch zur Vermeidung von Staunässe an den empfindlichen Wurzeln läßt sie sich gut als Ampelpflanze verwenden. Heimat der beiden Arten ist Ostasien.

**Huernia**

Diese Gattung müßte nach Justus Heurnius eigentlich Heurnia heißen. Die Blüten dieser Pflanze sitzen am Grund der stapelienähnlichen Sprosse.
- *bicampanulata,* die »zweiglockige« bildet 10 cm hohe, vierkantige, gezähnte Sprosse. Die auffälligen Blüten sind glockig und oben stark erweitert. Die roten Flecken auf weißlichem Grund vereinigen sich zu einem roten Schlund. Die Heimat dieser Art ist Transvaal.

*Huernia zebrina, oben links; Stapelia semota var. lutea, oben rechts; Trichocaulon columnare, unten*

– *zebrina* besitzt die größten Blüten der Gattung. Sie erreichen einen Durchmesser von 7 cm und sind mit ihrem schokoladenfarbigen Ring und den gleichfarbenen Streifen auf hellem Grund ein wirklicher Lohn für die Mühe der Pflanzenpflege.

**Stapelia**

Stapelien sind die in den Sammlungen am häufigsten anzutreffenden Seidenpflanzengewächse. Wegen ihrer an einen Ordensstern erinnernden Blüten heißen sie auch Ordensblumen. Wenig angenehm ist der Aasgeruch, den die Blüten zum Anlocken der zur Bestäubung nötigen Insekten ausströmen.
– *gigantea* kann mit ihren gigantischen, hellgelben, rot gebänderten und mit roten Haaren besetzten Blüten einen Durchmesser von 35 cm erreichen. Dagegen wirken die grünen, vierkantigen Sprosse zierlich. Die Heimat dieser Art ist Südafrika und Rhodesien.
– *grandiflora* aus Südafrika hat nur etwa halb so große und weniger auffällige Blüten wie *S. gigantea.*
– *rufa* mit roten Blüten kommt aus Südafrika.

– *semota var. lutea* fällt durch die langen Zähne ihrer vierkantigen Sprosse auf. Ihre Blüten sind reingelb.
– *variegata* ist die bekannteste Art, die sich durch gesundes Wachstum und Reichblütigkeit auszeichnet. Die vielen Blüten sitzen an der Basis der oft niederliegenden, vierkantigen, gezähnten Sprosse. Die hellgelben Blüten sind dunkelbraun oder rot gefleckt. Diese Art kommt am Tafelberg und anderen Orten der Kapprovinz vor.

**Trichocaulon**

Diese kleinen Stauden mit sehr fleischigen, tonnenförmigen, stark gefelderten Stämmchen sind schwer zu pflegen. Wir nennen daher nur
– *columnare* aus Südafrika als typischen Vertreter dieser Gattung. Die zahlreichen Blüten sind klein, gefleckt und erscheinen im Scheitel der Pflanzen. Wegen ihrer hohen Ansprüche benötigt diese Art einen hellen und auch im Winter warmen Platz am Fenster. Auch im Sommer nur mäßig gießen und im Winter absolut trocken halten. Auf Knollen von *Ceropegia woodii* gepfropft sind die Pflanzen weniger empfindlich.

## BOMBACACEAE (Bombaxgewächse)

Der Name »Flaschenbäume« vermittelt einen guten Eindruck von den Stämmen dieser bis zu etlichen Metern hohen Bäumen, die als Charakterpflanzen das Bild zahlreicher Trockengebiete in Südamerika bestimmen.

**Chorisia**

– *speciosa* läßt sich leicht aus Samen heranziehen. Als kleine, sich rasch entwickelnde Pflanze beginnt sie schon in den ersten Jahren an dem noch schlanken Stamm Stacheln auszubilden, die bei ausgepflanzten Exemplaren (im Gewächshaus) einen imponierenden Eindruck machen. Die typische Tonnen- oder Flaschenform erreichen die Stämme nur in ihrer Heimat, wo die weiße Wolle der Früchte auch als Füllmaterial für Kissen verwendet wird.

*Der »Gran Chaco«, subtropischer Trockenwald im Grenzgebiet von Argentinien, Paraguay und Bolivien, ist der Lebensraum von Kakteen, Schlangen und des »Flaschenbaumes«. Er wird von den Einheimischen »Palo borracho«, der »betrunkene Stamm«, genannt. Der gewaltige Stamm dieser Chorisia liefert leider kein Holz. Unter seiner Rinde befindet sich nur lockeres Zellgewebe, ein riesiger Schwamm zur Aufnahme und Speicherung von Wasser.*

# BROMELIACEAE (Ananasgewächse)

Die Ananasgewächse sind zwar keine typischen Sukkulenten. Einige Gattungen und Arten dieser auf dem amerikanischen Doppelkontinent beheimateten Familie treffen wir jedoch an Standorten gemeinsam mit Kakteen und anderen Sukkulenten an, deren Lebensweise sie weitgehend teilen.

**Abromeitiella**

- *brevifolia,* die »kurzblättrige«, bringt kleine Rosetten hervor, die an den Berghängen in Nordwestargentinien und Südbolivien dichte, rasenförmige Polster bilden. Die fleischigen, dreieckigen Blätter enden in einer Spitze. Die grünlichen Blüten sind unscheinbar.
- *chlorantha,* auch als *A. pulvinata* bekannt, ist im gleichen Gebiet beheimatet. Die Blätter sind kleiner als bei der eben beschriebenen Art und am Rand gezähnt.

*Puya chilensis*

*Abromeitiella brevifolia (die weißen Blüten gehören zu einem Amaryllisgewächs).*

**Dyckia**

- *remotiflora* aus Uruguay besitzt gezähnte Blätter, die bis 25 cm lang werden und in einer Rosette stehen. Die auf langen Schäften sitzenden Blüten sind leuchtend orangegelb. Wegen ihrer Größe eignet sich diese Art nicht für das Fensterbrett, aber gut als Sommerschmuck von Balkon und Terrasse.

**Hechtia**

- *ghiesbreghtii* aus Mexiko ist auch im nichtblühenden Zustand attraktiv. Die silberschuppigen Blätter färben sich in voller Sonne oft leuchtend rot. Unangenehm sind die 5 cm langen Stacheln am Blattrand.

**Puya**

- *chilensis* schmückt mit ihren leuchtend gelben Blütenständen zur Weihnachtszeit die Küstenlandschaft im mittleren Chile. Sie kommt in unseren Sammlungen jedoch ebenso wenig zum Blühen wie

- *raimondii,* die als größtes Ananasgewächs Blütenstände von einigen Metern Höhe bildet. Da diese Pflanzen, die erst im Alter von mehreren Jahrzehnten blühen, leicht brennen, gibt es nur noch kleine Vorkommen in den Kordilleren von Bolivien und Peru.

## COMMELINACEAE (Commelinengewächse)

### Tradescantia

Von dieser als Wasserranke bekannten Pflanze gibt es einen Verwandten, der in Anpassung an trockene Standorte seine fleischigen Blätter so dicht gestellt hat, daß die Wuchsform einiger sukkulenter *Crassula* (Dickblatt) perfekt nachgeahmt wird. Die anspruchslose
- *navicularis* bildet dichte Polster mit violetten Blüten und läßt sich leicht durch Stecklinge vermehren.

## COMPOSITAE, ASTERACEAE (Korbblütler)

Die Familie der Korbblütler ist weltweit verbreitet. In einigen Gattungen treffen wir auch Vertreter mit sukkulenten Formen an.

### Othonna

Von dieser in Südafrika beheimateten Gattung sei hier nur die Art
- *clavifolia* genannt, die wie andere Pflanzen dieses Gebietes im Winter blüht und im Sommer eine Trockenruhe benötigt. Ihre walzenförmigen Blätter lassen ihre Zugehörigkeit zu den Korbblütlern nicht erkennen.

### Senecio

Diese Gattung umfaßt mehr als 1000 Arten, von der aus Indien, Afrika und den Kanarischen Inseln Sukkulenten bekannt sind. Zu ihnen rechnen auch die Arten von *Kleinia,* die früher eine eigene Gattung bildeten.
- *articulatus (Kleinia articulata),* die »gegliederte«, hat fiederspaltige Blätter an hellgrau gezeichneten, aufrechten Trieben. Die gelben Blüten erscheinen im Herbst. Diese Art läßt sich leicht durch abfallende Pflanzenglieder vermehren.
- *coccineus.* Der Name weist auf die scharlachroten Blüten dieser aus Ostafrika stammenden Art hin, die an den bis 30 cm langen, mit bläulichen Blättern besetzten Trieben erscheinen.

*Senecio coccineus, links*

*Abb. rechte Seite: Sukkulenten-Landschaft mit Senecio und Euphorbia an den Felshängen der Kanarischen Insel Hierro*

*Adromischus maculatus*

- *haworthii (Kleinia tomentosa)* bildet wenig verzweigte Pflanzen mit spitzauslaufenden, sukkulenten Blättern auf kurzen Trieben, die ganz mit dichtem Filz überzogen sind. Die gelben Blüten sind sehr selten.
- *kleinia (Kleinia neriifolia),* früher als »oleanderblättrige Kleinie« bekannt und weitverbreitet, stammt von den Kanarischen Inseln. Da diese raschwüchsige Art in Trockenzeiten ihre Blätter verliert, besitzen die Pflanzen meist nur einen Schopf frischer Blätter als Krönung eines sonst kahlen Stammes; dieser ist grau und mit grünen Streifen durchzogen.
- *stapeliiformis (Kleinia stapeliiformis)* verdankt ihren Namen der Ähnlichkeit mit nichtblühenden Stapelien. Bei ähnlicher Form ist das Farbspiel ihrer kantigen Triebe jedoch wesentlich auffälliger: die dunklen Blattschuppen heben sich deutlich vom grauen Grund ab. Die langgestielte Blüte ist rot. Die Heimat dieser Art ist das Kapland.
- *scaposus* hat einen völlig anderen Wuchs. Ihre stielrunden, weißfilzigen Blätter bilden Rosetten. Auch diese Art aus dem Kapland blüht rot.



# CRASSULACEAE (Dickblattgewächse)

Auch die Familie der Dickblattgewächse ist weltweit verbreitet. Obgleich als typische Sukkulenten bevorzugt Bewohner von warmen Trockengebieten, haben sich einige auch in unser gemäßigtes und allgemein humides, also feuchtes, Klima gewagt. Sie sind die bevorzugten winterharten Sukkulenten für unsere Steingärten, Sukkulentenbeete und Dachgärten.
Nicht nur Sukkulentenfreunde, auch Liebhaber anderer Pflanzen pflegen so bekannte Arten wie das »Flammende Kätchen« *(Kalanchoe)* oder die frühjahrsblühenden Echeverien an ihren Fenstern. Pflanzen dieser Familien sind für Sammlungen unentbehrlich.

## Adromischus

Da wir auch hier wieder nicht nach der Wichtigkeit einer Gattung, sondern nach ihrer Stellung im Alphabet gehen, wenden wir uns zunächst dieser relativ unbekannten Gattung aus der Familie der Dickblattgewächse zu. Die aus Süd- und Südwestafrika stammenden Arten besitzen unscheinbare Blüten aber interessante sukkulente Blätter.

- *clavifolius* bildet wie andere Arten haarfeine Luftwurzeln. Auffällig sind die braunen Flecken auf den glatten, grünen Blättern, die an der Spitze flachgedrückt und leicht gewellt erscheinen.
- *cristatus* fällt durch die Rotfärbung der steifen, gekrümmten Luftwurzeln auf. Die hellgrünen Blätter haben einen welligen Rand.
- *maculatus.* Der Artname weist auf die gefleckten Blätter hin, die am Rand knorpelig gewellt sind.
- *schaeferianus* unterscheidet sich durch knollige, fleischige Wurzeln und eiförmige Blätter von den zuvor genannten Arten. Die kleinen Blätter sind glasgrün mit roter Strichelung und fallen später ab. Ihre Zeichnung bewirkt eine täuschende Anpassung an die Umgebung (Mimikry).

## Aeonium

Diese Gattung besitzt ein Verbreitungsgebiet, das von den Kapverdischen Inseln über die Kanaren bis Nordafrika reicht. Die unverwechselbaren, dichten Blattrosetten sterben bei einigen Arten nach der Blüte und Samenreife ab. Die Pflanzen lasssen sich gut durch Samen und Stecklinge vermehren. Bei

- *arboreum,* der »baumförmigen«, bilden die stumpf spateligen Blätter kleine Rosetten, die auf meist kahlen Stämmen sitzen. Die goldgelben Blüten bilden eine Traube. Diese auf den Inseln und an den Küsten des Mittelmeeres verbreitete raschwachsende Art besitzt eine Reihe von Varietäten mit andersfarbigen Blättern: *A. arboreum var. atropurpureum* mit dunkelroter Färbung, *A. arboreum var. albovariegatum* mit weißbunter Zeichnung und *var. luteovariegatum* mit gelbbunter Zeichnung der grünen Blätter.

- *canariense* unterscheidet sich von anderen Arten besonders durch die nach unten gebogenen Blattspitzen. Die Blüten sind blaßgelb. Nach der Samenreife sterben die Pflanzen ab.
- *hirriense* stammt von der an Sukkulenten reichen Kanaren-Insel Hierro. Die lockeren Rosetten werden von bläulichgrünen Blättern gebildet, die sich bei starker Sonnenstrahlung purpurn färben.
- *nobile* bringt erst im Alter von einigen Jahren ihre Blütenstände hervor. Ihre kupferroten Blüten und purpurnen Hochblätter sind das Prächtigste, was diese Gattung zu bieten hat.
- *subplanum* hat flache Rosetten auf kurzen Stämmen. Das Bild zeigt eine Pflanze auf der Insel Gomera (Kanarische Inseln).
- *tabulaeforme* fällt durch die dachziegelartige Anordnung der dichtstehenden, bewimperten grünen Blätter auf. Auch diese Pflanzen, die im Gewächshaus gern in senkrechten Steinpartien wachsen, sterben nach der Blüte ab.

**Altamiranoa** siehe **Villadia**

**Bryophyllum** siehe **Kalanchoe**

**Cotyledon**

Diese Gattung mit vielgestaltigen Blättern läßt sich durch Aussaat und Stecklinge vermehren. Es handelt sich meist um anspruchslose Zimmerpflanzen. Ihre Heimat reicht von Südafrika über Äthiopien bis zur arabischen Halbinsel.
- *agavoides* siehe *Echeveria agavoides.*
- *aristata* siehe *Adromischus cristatus.*
- *glauca* siehe *Echeveria glauca.*
- *jacobseniana* ist nach dem verdienstvollen Sukkulenten-Forscher Dr. h. c. Hermann Jacobsen benannt. Die rasenbildende Pflanze besitzt bis zu 3 cm lange, walzenförmige Blätter, die auch bereift sein können. Die rötlichgrünen Blüten stehen auf ca. 10 cm langen Stielen.
- *orbiculata* besitzt zahlreiche Unterarten. Die in Süd- und Südwestafrika weitverbreitete Art ist leicht zu pflegen. Die verzweigten Büsche tragen weißgraue Blätter mit sehr kontrastreicher roter Zeichnung an den Rändern. Im Sommer erscheinen gelblichrote Blüten. *C. orbiculata var. oophylla* hat lange, eiförmige Blätter, die sich durch bläulichweißen Reif und eine mondförmige Zeichnung am Blattrand auszeichnen. Diese aus Südwestafrika stammenden Pflanzen blühen orangerot.

◄ *Cotyledon undulata*

*Aeonium subplanum (Bildmitte) und Greenovia aurea* ►

- *paniculata* wird in Südafrika »botterboom« genannt. Die Pflanzen werden in ihrer Heimat über 2 m hoch, haben dicke Stämme und sind für das Gewächshaus, aber nicht für das Fensterbrett geeignet. Die in der sommerlichen Trockenzeit abfallenden Blätter sind bei jungen Pflanzen behaart.
- *undulata* ist mit ihren gewellten Blättern ein Schmuckstück jeder Sukkulentensammlung und außerdem leicht zu pflegen. Zum weißen Reif der sehr breiten Blätter bilden die orangegelben Blüten einen guten Kontrast. Diese Art stammt aus dem Kapland.

**Crassula**

Die Gattung *Crassula* oder »Dickblatt« ist über fast die ganze Erde verbreitet. Obgleich auch einige einjährige Arten und sogar Sumpf- und Wasserpflanzen zu den über 300 Arten dieser Gattung gehören, sind doch die meisten typische Sukkulenten und sehr geeignet als anspruchslose Zimmerpflanzen. Einige besitzen auffallend schöne und haltbare Blütenstände.

- *alstonii* hat graugrüne Blätter, die dachziegelartig so dicht zusammen stehen, daß sie am Sproßende richtige Köpfe bilden. Die weißen Blüten sind klein.
- *archeri* gehört zum Wuchstyp von *C. pyramidalis* und bildet wie diese schlanke Säulen. Die Spitzen der schuppenartig aufeinanderliegenden Blätter stellen die vier Kanten dieser Säulen dar, an deren Ende die Büschel weißer Blüten erscheinen.
- *brevifolia,* das »kurzblättrige Dickblatt«, besitzt kurze, eiförmige Blätter, die auf den dünnen Zweigen der kleinen Sträucher wie Perlenschnüre aussehen. Rote Ränder und Punkte beleben das Grün der Blätter.
- *coccinea* siehe *Rochea coccinea*
- *cordata* stammt aus dem Südosten Afrikas und bildet aufrechte, verzweigte, bis 30 cm hohe Triebe. Die locker stehenden, herzförmigen Blätter sind dicht weiß bereift und haben rote Ränder.
- *decepterix* hat sich im Aussehen ganz dem Quarzgestein seiner Umgebung in der Kapprovinz angepaßt. Diese besonders schöne Art wächst langsam und benötigt im Sommer Trockenruhe.
- *falcata* läßt sich sehr gut durch Samen und Stecklinge vermehren. Bei hoher Luftfeuchte bilden sich an der Pflanze kurze rote Luftwurzeln, die wie Bärte aussehen. Die sichelförmigen, graugrünen Blätter werden am Stiel des auffälligen Blütenstandes immer kleiner. Die unzähligen scharlachroten Einzelblüten bilden einen dichten Schirm, der wochenlang einen leuchtenden Farbtupfer in das sommerliche Blumenfenster bringt. Die Überwinterung muß kühl erfolgen.

*Crassula falcata ist eine typische Sukkulente für das Fensterbrett, anspruchslos in der Pflege und auffallend schön im Schmuck ihrer haltbaren Blüten.*

- *hemisphaerica* liebt Wärme und einen hellen Standort. Sie bildet mit ihrer kurzen Stengeln und flachen, gerundeten Blättern Rasen.
- *justi-corderoyi* ist eine kleinbleibende Art, deren grüne Blättchen Haare und rote Punkte tragen. Die Blüten sind rosa.
- *lactea* ist eine leichtwachsende Pflanze, die bis zu 60 cm hoch wird. Auffallend sind die großen weißen Blütenstände, die im Winter erscheinen und angenehm duften.
- *lycopodioides,* die »bärlappartige«, ist eine nicht umzubringende Kleinsukkulente. Ihre grünen Triebe sind mit schuppenartig übereinandergestellten Blättern besetzt und erscheinen wie bei *C. pyramidalis* vierkantig. Diese Art besitzt eine Vielzahl von Varietäten. *C. lycopodioides var. monstrosus* bildet verwachsene (=monströse) Triebe, aus denen auch wieder die normalgeformten dieser Art entstehen können. *C. lycopodioides var. variegata* besitzt in ihren silbrigweißen Schuppenblättern zu wenig Blattgrün und ist daher empfindlich gegen Nässe.
- *mesembryanthemoides* hat behaarte, schmale Blätter, die locker an bis zu 30 cm langen Trieben stehen. Die Pflanze blüht im Sommer weißlichgelb.
- *mesembryanthemopsis* bildet kleine Rosetten dichtstehender, graugrüner Blätter, die am Standort nur wenig aus dem Boden ragen. Diese Pflanze ist in den Sammlungen selten zu finden und etwas für fortgeschrittene Sukkulentenfreunde. Sie benötigt im Sommer Ruhe und blüht im Winter.
- *obliqua,* die »schiefe«, trägt ihren Namen wegen der schräggestellten Blätter. Diese sind verkehrt eiförmig, zugespitzt und mit dunklen Punkten besetzt. In ihrer Heimat können diese Pflanzen mehrere Meter hoch werden. Es gibt auch eine Abart mit weißbunten Blättern.
- *perfoliata* zeichnet sich durch die regelmäßige Stellung der bis zu 15 cm langen, lanzettlichen Blätter aus. Diese Art blüht scharlachrot.
- *perforata,* die »durchbohrte«, hat stengelumfassende Blätter, die dadurch vom Stengel wie durchbohrt erscheinen. Die Blattränder sind mit roten Punkten besetzt.
- *portulacea* ist *C. obliqua* sehr ähnlich und eine anspruchslose, leichtwachsende Sukkulente für den Anfänger.
- *pyramidalis* bleibt kleiner als *C. lycopodioides.* Ihre vierkantigen, dicht mit schuppenförmigen Blättchen besetzten Sprosse werden nur bis zu 10 cm hoch und von den dichtstehenden weißen Blüten gekrönt. Nach der Samenreife stirbt die Pflanze ab.
- *rupestris* ist ideal für Anfänger und auch als Ampelpflanze geeignet. Die verwachsenen, stengelumgreifenden, dickfleischigen Blätter sind

*Crassula hemisphaerica, oben*

*Crassula mesembryanthemopsis, unten*

*Crassula pyramidalis, links; Crassula susannae, Mitte; Crassula hybr. »Morgan's Pink«, rechts.*

graugrün. Das Rot der Blattränder kann sich bei vollem Sonnenlicht über die ganze Pflanze ausbreiten.

- *schmidtii* bildet dichte Rasen. Die nur wenige Zentimeter hohen Sprosse sind dicht mit schmalen lanzettlichen Blättern besetzt, deren Grün durch feine Punkte belebt wird. Die karminfarbenen oder rosaroten Blüten stehen dicht über den Blattrosetten und geben im Winter dieser anspruchslosen Pflanze einen zusätzlichen Reiz.
- *socialis* trägt ihren Artnamen, die »gesellige«, weil die kleinen Rosetten der eiförmig dreieckigen, hellgrünen Blätter besonders dicht zusammenstehen. Die weißen Blüten erscheinen im Februar.
- *spathulata* ist ein als Ampelpflanze geschätzter Winterblüher. Die pfenniggroßen, breit herzförmigen Blätter sind glänzend grün, die zahlreichen Blüten fleischfarben.
- *susannae* ähnelt *C. mesembryanthemopsis* und blüht wie diese weiß.
- *teres* wird als mögliche Kreuzung angesehen. Ihre blaugrünen, hellgerandeten Blätter bedecken schuppenförmig die kurzen säulenförmigen Sprosse. Bei der *Hybride »Morgans Pink«* handelt es sich um eine Züchtung, die auffallend schöne und haltbare Blüten mit der bekannten Anspruchslosigkeit der *Crassula* verbindet.

**Dudleya**

Die Arten dieser Gattung wurden früher zu *Echeveria* gerechnet. Die im Süden der USA und in Mexiko verbreiteten Arten sind jedoch wärmebedürftiger als Echeverien und sollten in regenfeuchten Sommern nicht ins Freiland gebracht werden.

- *densiflora* bildet aufrechte, im Alter verzweigte Stämmchen, an deren Enden die stielrunden, 5 bis 10 cm langen Blätter in Rosetten stehen. Alte, vertrocknete Blätter bleiben am Stamm und hüllen ihn wie einen Mantel ein. Wie bei vielen Dudleyen sind die Blätter in Anpassung an das extrem trockene Klima in Südkalifornien mehlig bereift. Die Blüten auf langen Stielen sind reinweiß oder rosa.
- *farinosa* bildet zahlreiche Rosetten mit dichtstehenden Blättern. Die im Frühjahr gelb blühenden Pflanzen verlangen einen sehr hellen Platz

zur Überwinterung. Ihre durch einen mehligen Belag geschützten Blätter sind ebenso wie bei der vorher beschriebenen Art empfindlich gegen Wasser.

- *pulverulenta* besitzt dunkelrote oder auch gelbliche Blüten, die etwa 30 cm über den großen Blattrosetten stehen. Die Blätter haben eine wachsartige Oberfläche.

**Echeveria**

Zu dieser in den Gebirgen Mittelamerikas und des westlichen Südamerikas beheimateten Gattung gehören zahlreiche Arten, die mit ihren vielgestaltigen Blattrosetten und schönen Blüten auch für den Anfänger geeignet sind. Durch Züchtungsarbeit entstanden zahlreiche Hybriden, die in vielen Gärtnereien in großen Mengen als Topfpflanzen herangezogen werden. Es sind meist anspruchslose Pflanzen für das Zimmer und den Sommeraufenthalt im Freien. Die verschiedenfarbigen Blattrosetten werden gern zum Bepflanzen sogenannter Teppichbeete in öffentlichen Gartenanlagen verwendet. Die haltbaren Blüten sind auch als Schnittblumen geeignet.

- *agavoides,* die »agavenähnliche«, stammt aus San Luis Potosi in Mexiko. Ihre hellen, graugrünen Blätter enden in dunklen Spitzen und bilden kräftige Rosetten. Diese langsamwachsende Art hat bis zu 50 cm lange Blütenstiele mit rötlichgelben Blüten.
- *derenbergii* ist eine weitverbreitete Art. Sie bildet kleine, kugelige Rosetten aus spateligen, hellgrünen Blättern. Der weiße Belag und die roten Blattspitzen sind ebenso effektvoll wie die zahlreichen rötlichgelben Blüten auf kurzen Stengeln.
- *derenosa* entstand durch Kreuzung von *E. derenbergii* mit *E. setosa.* Diese prächtige und robuste Zimmerpflanze bringt nach kühler (frostfreier) Überwinterung bei völliger Trockenheit eine große Zahl sehr kurzer Blütenstiele hervor. Erst gießen, wenn im Frühjahr (etwa Februar) die Knospen sichtbar sind.
- *desmetiana* siehe *E. paecockii.*
- *elegans* fällt durch den besonders ausgeprägten mehligen Überzug der Blätter auf. Diese Art blüht im Sommer rosa-gelb.
- *gibbiflora* besitzt mehrere Varietäten. Die großen Rosetten sind etwas zu gewaltig für ein schmales Fensterbrett. Die stumpfen, graugrünen Blätter haben oft rote Ränder. Die gelben Blüten erscheinen im Winter. *E. gibbiflora var. metallica* trägt ihren Namen wegen des metallischen Glanzes der bronzefarbenen Blätter.
- *glauca* wird häufig zur Beetbepflanzung in Parks verwendet. Die wüchsigen, großen Rosetten werden aus fleischigen, blaubereiften Blättern gebildet, die an den Rändern rötlich gefärbt sind.
- *harmsii* wird fälschlich als *Oliveranthus elegans* bezeichnet. Im Unterschied zu anderen Arten bildet sie kleine Büsche mit verzweigten

*Dudleya pulverulenta, oben; Echeveria derenbergii, unten*

Trieben, an deren Enden die sehr kleinen, grünen, behaarten Blätter in lockeren Rosetten stehen. Um auch zur Blütezeit gedrungene Pflanzen (wie bei anderen Echeverien) zu haben, schneidet man zu Beginn des Frühjahrs Kopfstecklinge und setzt sie direkt zu mehreren in Töpfe oder Schalen. Die roten Blüten mit den hellen Zipfeln gehören zu den größten unter den Echeverien und erscheinen im Frühsommer.

- *leucotricha* zählt zu den behaarten Arten. Die dicken, spateligen Blätter sind mit einem silberweißen Haarflaum überzogen und braun gerandet.
- *paecockii* besitzt flache, zugespitzte Blätter, die blauweiß bereift und rötlich gerandet sind. Diese raschwüchsige Art ist leicht durch Aussaat zu vermehren. Sie wird fälschlich auch als *E. desmetiana* bezeichnet.
- *peruviana* hat ein Verbreitungsgebiet, das von Peru und Bolivien bis nach Argentinien und Chile reicht. Ihre Blätter sind ebenfalls grau bereift, die Blüten rot.
- *pilosa* ist eine der schönsten Echeverien. Sie bildet lockere Rosetten an Stämmchen, die ebenso wie die spateligen Blätter dicht behaart sind. Auffällig ist die Farbe dieser Behaarung, die von Weiß (am Blattgrund) bis zum leuchtenden Rotbraun (an den Blattspitzen) reicht. Die Blütenfarbe dieser Art ist Mennigerot.
- *pulvinata* fällt durch die Form ihrer silbrig-filzigen Blätter auf, die löffelartig ausgebildet sind.
- *rosea* wächst wie *E. pitteri* strauchig. Die Farbe der Blätter, die der Art den Namen gab, wechselt von Grün nach Rosa. Zahlreiche gelbe Blüten mit rosaroten Vorblättern erscheinen fast das ganze Jahr.
- *secunda* sproßt stark und bildet so Polster von kleinen Rosetten. Die kurzen, dichtsitzenden Blätter sind hellgrün und wenig bereift. *E. secunda var. glauca* siehe *E. glauca*.
- *setosa* gehört zu den reichblühenden Arten, die als beliebte Topfpflanzen in Gärtnereien herangezogen werden. Die dunkelgrünen, weißbehaarten Blätter stehen in flachen Rosetten zusammen. Die vielen rotgelben Blüten erscheinen im Sommer.

**Graptopetalum**

Diese Gattung ist *Echeveria* sehr ähnlich und wird auch wie diese behandelt.

- *amethystinum* trägt ihren Namen wegen der amethystfarbenen, keuligen Blätter, durch die diese Art besonders ins Auge sticht.

*In Wüsten und Steppen brauchen nicht nur Blätter und Stämme einen Schutz vor Verdunstung. Die empfindlichen Blütenknospen der Echeveria pulvinata (Abb. links) sind von dichtem Flaum eingehüllt, damit über Blüte und Frucht die Erhaltung der Art gesichert bleibt.*

*Abb. rechts: Echeveria rosea*

*Greenovia aurea*

*Kalanchoe jongmansii*

– *filiferum* hat im Gegensatz dazu sehr kleine, grüne Blätter, die in einer Borste auslaufen und flache Rosetten bilden. Die relativ großen weißen Blüten sitzen auf kräftigen Stielen.

**Greenovia**

Diese Gattung hat mit *Aeonium* vieles gemeinsam. Sie stammt wie diese von den Kanarischen Inseln und bildet ähnliche Blattrosetten, die nach der Blüte und Fruchtreife absterben. Vermehrt wird durch Aussaat oder Stecklinge.

– *aurea* wurde nach der Farbe der sehr großen goldgelben Blüten benannt. Die blaugrauen Blätter bilden in der Trockenzeit fast eine Kugel, die sich nach dem Regen zur Rosette öffnen.

**Jovibarba** siehe **Sempervivum**

**Kalanchoe**

Vielen Pflanzenfreunden sind nur zwei Arten dieser Gattung bekannt: das »Flammende Kätchen« (*Kalanchoe blossfeldiana*) und die »Goethepflanze« (*K. daigremontiana* = *Bryophyllum daigremontianum*). Neben diesen bekannten und leichtwachsenden Zimmerpflanzen gibt es noch eine Vielzahl von Arten, von denen nicht wenige durch ihre Gestalt oder die Schönheit ihrer haltbaren Blüten eine Bereicherung jeder Sukkulentensammlung darstellen. Ihre Heimat reicht vom tropischen Afrika und Südafrika über die Inseln Madagaskar und Sokotra nach Arabien, Indien, Malaya, Indonesien und ins tropische Amerika. Die Vielzahl der Klimate, vom wechselfeuchten bis zum trockenen Standort, spiegelt sich in den sehr unterschiedlichen Wuchsformen. Wir finden kahle und behaarte, mehr oder weniger sukkulente Pflanzen, die ein- oder mehrjährig sind und zu denen sowohl niedrigbleibende Vertreter mit kleinen Blättern als auch mehrere Meter hohe, großblättrige Bäume und sogar Lianen gehören. Besonders interessant sind die Arten, die früher die Gattung *Bryophyllum* bildeten. Ihr deutscher Name »Brutblatt« weist auf die Bildung von Brutpflanzen an den Blatträndern hin, die eine rasche und mühelose Vermehrung ermöglichen. Da Johann Wolfgang von Goethe dieses Phänomen beschrieb, werden diese Pflanzen auch als »Goethepflanzen« bezeichnet.

*Kalanchoe scapigera*

- *beharensis* ist eine imponierende Pflanze aus Madagaskar, die am Standort Behara bis zu 3 m hohe Bäume bildet. An kantigen, gebogenen Stämmen sitzen langgestielte, dreieckige Blätter. Sie können glatt oder behaart sein und sind nach oben gewölbt. Diese Art kommt bei uns nicht zur Blüte; sie wird für das Fensterbrett schnell zu groß und kann daher nur im Gewächshaus ihre volle Schönheit entfalten.
- *blossfeldiana* wird wegen ihrer flammendroten Blüten das »Flammende Kätchen« genannt. Die von der Firma Blossfeld aus Madagaskar eingeführte Art ist inzwischen durch eine große Zahl von Züchtungen ersetzt, die in ihren Blütenfarben das Spektrum von Gelb über Rot bis Violett abdecken. Sie können teilweise sortenecht durch Aussaat, einige aber nur durch Stecklinge vermehrt werden. Es handelt sich um kleine Stauden von gedrungenem Wuchs, deren Triebe dicht mit dunkelgrünen, löffelförmigen Blättern besetzt sind, deren Ränder je nach Sorte mehr oder weniger gekerbt und auch rötlich bis violett gefärbt sind. Es gibt auch Kalanchoe-Züchtungen, die lange, als Schnittblumen geeignete Blütenstiele hervorbringen. *Kalanchoe blossfeldiana* ist das Paradebeispiel einer Kurztagspflanze, bei der eine bestimmte Anzahl von Kurztagen (etwa im Herbst und Winter) zur Bildung von Blütenknospen notwendig ist. Um auch im Sommer blühende Kalanchoe zu haben, wird der lange Sommertag durch Verdunkeln der Pflanzen in den Abend- und Morgenstunden in einen Kurztag verwandelt. Wichtig ist absolute Dunkelheit. Die Ansprüche an die Tageslänge sind von Sorte zu Sorte nicht ganz einheitlich; Pflanzen mit mindestens drei Blattpaaren sollten an 21 Tagen nicht mehr als neun Stunden Tageslicht erhalten.
- *daigremontiana (Bryophyllum daigremontianum)* ist eine unverwüstliche Zimmerpflanze aus Madagaskar. Die »Goethepflanze« besitzt aufrechte Sprosse mit locker gestellten, marmorierten, länglich-dreieckigen Blättern. Am gezähnten Blattrand entstehen die zahlreichen Brutpflanzen, die zum Teil schon auf der Pflanze Wurzeln bilden und nach dem Abfallen auf der Erde sofort weiterwachsen. Die im Winter am Sproßende erscheinenden grauvioletten Blüten sind groß, aber wegen ihrer Farbe unscheinbar.
- *manginii* ist eine hübsche Ampelpflanze. Die kleinen, oval-lanzettlichen Blätter sind kahl oder wenig behaart. Die glockigen, leuchtendroten Blüten stehen am Triebende. Die Heimat dieser Pflanze ist Madagaskar.
- *marmorata* hat wesentlich größere Blätter als die zuvor genannte Art. Die eirunden, graugrünen Blätter der aus Äthiopien stammenden Pflanze sind sehr auffällig braun gefleckt und am Rand gezähnt.
- *orygalis* aus Madagaskar bildet aufrechtwachsende Sträucher, deren behaarte Blätter im Jugendstadium bronzefarben, später jedoch grauweiß erscheinen.
- *rhombopilosa* ist eine zierliche Art, deren kurze Stämmchen mit kleinen, dreieckigen, am Ende abgerundeten, gekerbten Blättern besetzt sind. Diese fallen bei Berührung leicht ab und bilden neue Pflanzen.
- *scapigera* heißt eine bei uns noch seltene Art von der Insel Sokotra. Ihre rund-ovalen grauen Blätter sitzen an kräftigen, aufrechten Trieben. Die roten Blüten sind größer als die von *K. blossfeldiana.*
- *tomentosa* ist, wie alle behaarten Arten, empfindlich gegen Nässe. An den lang-ovalen Blättern bilden die braunpunktierten Ränder einen schönen Kontrast zum übrigen, weißbehaarten Blatt. Diese Art ist besonders wertvoll.
- *tubiflora* nennen wir als letzten Vertreter der früheren Gattung *Bryophyllum.* An den aufrechten Stengeln dieser robusten und hochwüchsigen Art stehen allseitig die langen, walzenförmigen Blätter. Sie sind mit braunen Flecken übersät und tragen an ihrer Spitze Brutpflänzchen, deren schon ausgebildete Wurzeln wie Bärte herabhängen.

**Monanthes**

- *polyphylla* wollen wir als einzige Art dieser Gattung erwähnen, die auf den Kanarischen Inseln und den Balearen beheimatet ist. Sie bildet dichte Polster von kleinen Rosetten aus hellgrünen, winzigen Blättern. Die zahlreichen Blüten sind rötlich. *Monanthes* eignet sich als kleine Zimmerpflanze. Sie wird kühl überwintert und fühlt sich im Sommer im Freien wohl.

**Oliveranthus** siehe **Echeveria harmsii**

**Pachyphytum**

Wie die meisten Echeverien stammt auch diese Gattung aus Mexiko. Ihre Arten sind ebenfalls gute Zimmerpflanzen, die Pflegeansprüche wie Echeverien stellen.

- *oviferum* ist eine sehr schöne Art mit kurzem, weiß bereiftem Stämmchen. Auch die dickfleischigen, eiförmigen Blätter sind reifig überzogen. Bei intensiver Sonnenstrahlung färben sie sich rötlich. Die roten Blüten erscheinen im Mai.
- *bracteosum* hat bis zu 10 cm lange Blätter. Über den Blattrosetten stehen die hochroten Blüten.

**Rochea**

- *coccinea* ist eine wichtige gärtnerische Marktpflanze, die fälschlich als *Crassula rubicunda* bezeichnet wird. Die zahlreichen Triebe sind mit kleinen, wenig sukkulenten Blättern besetzt. Das Besondere dieser aus Südafrika stammenden Pflanze sind ihre scharlachroten Blüten, die nach kühler Überwinterung im Frühjahr in großer Zahl erscheinen.

**Sedum**

Diese Gattung ist in vielen Gebieten der Erde anzutreffen. Da eines ihrer Verbreitungsgebiete am Mittelmeer liegt, gibt es unter den etwa 500 Arten auch etliche, die in unserem Klima winterhart sind. Sie stellen also ideale Pflanzen für unsere Steingärten dar, während Arten aus wärmeren Gebieten schöne und anspruchslose Zimmerpflanzen sind. Die meisten Arten sind durch Stecklinge zu vermehren.

- *acre,* der »Scharfe Mauerpfeffer«, ist hier in Mitteleuropa und bis nach Asien heimisch. Wir finden ihn wildwachsend in alten Weinbergsmauern, und er gedeiht daher auch gut zwischen den Steinen einer Trockenmauer oder den Pflastersteinen und Platten eines Gartenweges. Die hellgelben Blüten bilden ein Blütendach über dem grünen Teppich der kurzsäuligen oder kriechenden Triebe. Diese Art hat eine große Anzahl von Varietäten, die besonders in Österreich, auf dem Balkan und in Marokko beheimatet sind und sich nur durch ihre Größe oder die Form der sehr kleinen Blätter unterscheiden.
- *allantoides* aus Mexiko ist mit ihren walzenförmigen, weißgrau bereiften Blättern eine dankbare Zimmerpflanze. Bei voller Sonne färben sich die Blattspitzen rot.

*Pachyphytum bracteosum*

- *bellum* wird wegen der niederliegenden Wuchsform gern als Ampelpflanze verwendet. Auffällig sind die am Sproßende stehenden zahlreichen weißen Blüten.
- *compressum* ist eine niedrige Pflanze, deren graugrüne Blätter lockere Rosetten bilden. Die goldgelben Blüten erscheinen sehr zahlreich. Die Heimat dieser Art ist Mexiko.
- *lineare var. variegatum* wird gern zur Sommerbepflanzung von Teppichbeeten genommen. Diese aus Ostasien stammende Art wächst rasenförmig. Ihre Blätter sind hellgrün, die der Varietät weiß gerandet.
- *morganianum* läßt ihre mit runden, zugespitzten Blättern besetzten Sprosse aufliegen oder über den Topfrand herabhängen. Sie stammt aus Mexiko und wird gern als Ampelpflanze kultiviert.
- *nussbaumerianum* unterscheidet sich kaum von *S. adolphii.* Es ist eine anspruchslose Zimmerpflanze mit aufrechten Sprossen und dickfleischigen, lanzettlichen Blättern. Von ihrem hellen Grün heben sich die roten Blattränder wirkungsvoll ab. Heimat dieser Art ist Mexiko.
- *pachyphyllum* hat schwach keulige Blätter. Ihr Graugrün wechselt bei voller Sonnenbestrahlung in Rot.
- *sieboldii* ist eine Art mit fast kreisrunden, flachen, graugrünen Blättern

mit rotem Rand. Die Blätter der *sieboldii var. variegatis* sind gelblichweiß gefleckt. Die aus Japan stammenden Pflanzen ergeben mit ihren überhängenden Trieben schöne Ampeln und sind in milden Lagen auch winterhart.

- *spectabile* finden wir in vielen Gärten als winterharte Gartenstaude. Die bis zu 50 cm hohen Sprosse mit bläulichweißen Blättern schließen mit den Blütenständen ab, deren rosa Blüten wie ein Schirm über den Blättern stehen. Die Heimat dieser Art ist Ostasien.
- *stahlii* aus Mexiko kann man wie viele Sukkulenten leicht aus den nur lose an den Ästen sitzenden Blättern vermehren. Diese eirunden Blätter sind dunkelgrün bis braun gefärbt.

**Sempervivum** (einschließlich **Jovibarba)**

Nur wenige Pflanzenfreunde haben bisher von einer Pflanzengattung Notiz genommen, die man getrost als ein Kleinod der Hochgebirge bezeichnen kann. Ihre deutschen Namen »Dachwurz«, »Hauswurz« oder »Donnerwurz« weisen auf die Verwendung dieser Pflanzen auf den Strohdächern alter Bauernhäuser hin, während die Übersetzung des botanischen Namens – »immerlebend« – ihre Anspruchslosigkeit und Dauerhaftigkeit charakterisiert. Die Heimatstandorte dieser Pflanzen reichen von den Pyrenäen und dem Hohen Atlas (Marokko) über die Alpen und den Balkan bis in den Kaukasus und die Bergwelt des Iran. Diese weite Verbreitung bedingt eine Vielfalt von Formen und Farben der sukkulenten Blattrosetten. Diese Vielfalt setzt sich bei jeder dieser Pflanzen im Ablauf der Jahreszeiten fort. Besonders auffällig ist der Wechsel der Farben in den Frühjahrsmonaten, wenn die Blätter ein Feuerwerk von Grün, Braun, Rot und Gelb zeigen, das im Sommer und Herbst meist Grautönen weicht.

Die Hauswurz ist bei uns nicht als Zimmerpflanze geeignet, dafür aber ideal für Stein- oder Dachgärten sowie in Fugen von Trockenmauern und in Pflanztrögen.

Bei den zahlreichen Versuchen der Botaniker, Ordnung in den Wirrwarr von Namen der Gattung *Sempervivum* zu bringen, sind neuerdings einige Arten zu einer neuen Gattung *Jovibarba* zusammengefaßt worden. Da diese neuen Namen für einige Arten noch umstritten und die Unterschiede zwischen beiden Gattungen nicht groß sind, behalten wir hier die gewohnten Namen bei und geben nur einen Hinweis auf den neuen.

Außer den natürlich vorkommenden Arten und Unterarten finden wir auch Naturhybriden, das heißt in der Natur entstandene Kreuzungen von zwei oder mehr Arten, die am gleichen Standort vorkommen. Diese wün-

*Glänzendrote Blätter am Sproß von Sedum pachyphyllum, oben*

*Sedum spectabile als winterharte Freilandstaude zusammen mit Opuntien, unten*

schenswerte Bereicherung an Farben und Formen erschwert die Benennung der Pflanzen ebenso wie die vielen Neuzüchtungen, die durch Kreuzungen in Gärtnereien entstanden sind.
Die fleischigen Blätter der Hauswurz sind je nach Art lanzettlich, ei- oder keilförmig, am Ende abgerundet oder gespitzt. Sie können behaart sein oder am Blattrand Wimpern besitzen. Außerdem gibt es Haarbildungen, von denen die Rosetten von Blattspitze zu Blattspitze wie von Spinnweben überzogen sind. Die aus den fleischigen Blättern gebildeten Rosetten sitzen allgemein flach auf dem Boden und können weit geöffnet oder durch aufwärts gebogene Blätter kugelig geschlossen sein. Je nach Art und Standort schwankt ihr Durchmesser zwischen 1 und 20 cm.
Typisch für die Hauswurz ist die Bildung von Kindeln, das sind Tochterrosetten, die sich an der Spitze von Ausläufern befinden. Dadurch kommt es zu dichten Polstern von zahlreichen Rosetten, die typisch sind für diese prächtigen Steingartenpflanzen.
Die Blütenstiele sind dicht mit kleinen Blättern besetzt und tragen an ihrem Ende mehrere Blüten in vielen Farbtönen von Rosa, Rot, Gelb bis Weiß. Sie können ein- oder mehrfarbig sein. Nach der Blüte stirbt – wie auch bei vielen Agaven – die Hauptrosette ab.

- *allionii (Jovibarba allionii)* fällt durch die gelbgrüne Farbe der kugeligen, kleinen Rosetten auf. Die Blüten sind grünlichweiß. Heimat dieser Art sind die südwestlichen Alpen.
- *arachnoideum* ist die bekannte Spinnwebenhauswurz. Ihre Verbreitung reicht von den Pyrenäen über den Apennin und die Alpen bis in die Karpaten. Die sehr kleinen Rosetten sind im Sommer zum Schutz gegen Wasserverlust dicht mit weißen Haaren überzogen, die im Winter fast verschwinden, um im nächsten Jahr erneut gebildet zu werden. Die Blütenstiele mit rosaroten Blüten werden bis zu 8 cm hoch. Diese besonders schöne Art hat zahlreiche Varietäten und Sorten, die sich durch Blattform und -farbe sowie Behaarung unterscheiden.
- *arenarium (Jovibarba arenaria)* besitzt sehr kleine Rosetten, die meist kugelig geschlossen sind. Die Blüten sind grünlichweiß.
- *atlanticum* stammt als einzige Art aus Nordafrika (Hoher Atlas, Marokko). Die großen Rosetten zeigen ein fahles Grün mit roten Blattspitzen. Die rosa Blüten wachsen auf hohen Stielen.
- *calcareum,* die Rotspitzsteinwurz, wächst auf Kalkgestein in den Seealpen. Die blaugrünen, an der Spitze geröteten Blätter bilden Rosetten mittlerer Größe (etwa 6 cm). Die Blüten sind blaßrosa.
- *grandiflorum,* die »großblütige« Hauswurz, hat mit einem Blütendurchmesser bis zu 5 cm die größten Blüten der Gattung. Die Blätter der großen Rosetten sind dunkelgrün mit dunkler Spitze. Blütezeit ist von Juli bis August. Die Heimat dieser Art sind die Südschweiz und Norditalien.
- *hirtum (Jovibarba hirta)* stammt aus den Ostalpen und dem Balkangebiet. Die mittelgroßen offenen Rosetten werden aus grünen Blättern, die meist dunkle Spitzen haben, gebildet. Die Blüten sind gelb oder grünlich.

*Die Vergrößerung zeigt die ganze Schönheit der Sempervivum-Blüten*

- *iranicum* stammt aus dem Elbrus-Massiv und ist die am weitesten östlich vorkommende Art. Die Blattfarbe variiert von Blaugrün bis Bronzegrün mit rötlichen Spitzen. Die Blüten sind rosarot mit weißem Rand. Diese Art ist nicht ganz winterhart.
- *marmoreum* besitzt wegen ihrer weiten Verbreitung in ganz Südosteuropa viele Varietäten und Formen und ist *S. tectorum* ähnlich. Die Blätter der mittelgroßen Rosetten sind zunächst behaart, später kahl. Ihre Farbe ist Grün mit rotem Anflug. Die Varietäten haben meist rote oder braune Blätter.
- *montanum* bildet kleine Rosetten mit vielen Kindeln und ist wie die vorher beschriebene Art weit verbreitet (von Korsika bis Osteuropa). Die Blüten auf den kurzen Stielen sind hellpurpurn und dunkel gestreift.
- *nevadense* stammt aus der Sierra Nevada in Südspanien. Die später kahlen, grünen Blätter sind zunächst flaumig behaart. Die Blütenfarbe ist Karminrot.

*Sempervivum tectorum erinnert in seiner Lebensweise an die Lebenskünstler unter den Pflanzen des tropischen Urwaldes. Orchideen, Farne und Ananasgewächse erklimmen Baumkronen; die »Hauswurz« fühlt sich in unseren Breiten auf Mauern und alten Hausdächern wohl.*

- *ruthenicum,* die »Fettblattsteinwurz«, ist von Rumänien bis in die Sowjetunion (Ukraine) verbreitet. Die mittelgroßen Rosetten bestehen aus dunkelgrünen, behaarten Blättern. Die Blütenfarbe ist Grünlichgelb.
- *tectorum* ist die als »Hauswurz« und »Donnerwurz« bekannteste Art, die ihre Heimat in den Pyrenäen, den Alpen und den Gebirgen des nördlichen Balkan hat. Die Blätter sind stark sukkulent, grün und unbehaart mit dunkler Spitze. Auf hohen Blütenstielen sitzen die rotweiß gestreiften Blüten. Auch von dieser wichtigen Art gibt es zahlreiche Formen und Sorten mit sehr auffällig gefärbten Blättern.
- *soboliferum (Jovibarba sobolifera)* ist die einzige Art, die bis Archangelsk in der Sowjetunion verbreitet ist. Sie ist keine Pflanze des Hochgebirges und wächst daher auch noch im Schatten. Ihre Kindel sind sehr zahlreich. Die Blüten sind grünlichgelb.



# DIDIERACEAE (Didieriengewächse)

Im Gegensatz zu der so umfangreichen Familie der eben besprochenen Dickblattgewächse und ihrer weltweiten Verbreitung bestehen die Didieraceae aus nur vier Gattungen mit wenigen Arten und sind nur im Westen und Südwesten der Insel Madagaskar beheimatet. In dieser niederschlagsarmen Heimat erreichen sie Höhen bis zu 15 m *(Alluaudia ascendens).*

Bis zu den Forschungsreisen von Professor Rauh aus Heidelberg waren diese Pflanzen nahezu unbekannt und für Sukkulentenfreunde unerreichbar. Didieriengewächse werden durch Samen oder Stecklinge vermehrt, die heute über Botanische Gärten erhältlich sind. Wer große Exemplare dieser Pflanzen kennenlernen will, muß nicht unbedingt nach Madagaskar fahren. Ein Besuch des Botanischen Gartens Heidelberg vermittelt einen Eindruck dieser imposanten Gestalten der Pflanzenwelt Madagaskars.

### Alluaudia

Diese Gattung besitzt sukkulente Stämme, die bei Jungpflanzen dicht mit Dornen und zwei unterschiedlichen Formen von Blättern besetzt sind: den kleinen Blättern der Kurztriebe und den größeren der Langtriebe. Die Blätter fallen in der Trockenzeit ab.

- *ascendens* wächst als Jungpflanze dicksäulig. Nur an der Triebspitze bilden sich die ovalen Langtriebblätter, darunter sitzen die herzförmigen Blätter der Kurztriebe.
- *procera* läßt sich gut durch Stecklinge und durch Aussaat vermehren. Diese raschwachsende Art hat ovale, graugrüne Kurztriebblätter auf grauen Ästen.

### Didieria

Diese Gattung besteht aus nur zwei Arten, deren Pflanzen im blattlosen Zustand kakteenähnlich aussehen und sich besonders im Jugendstadium unterscheiden.

- *madagascariensis* besitzt einen aufrechten Stamm und wird in der Heimat mehrere Meter hoch. Der walzenförmige, graugrüne Körper wird von langen Dornen eingehüllt, die zusammen mit den extrem schmalen Blättern auf Höckern stehen.
- *trollii.* Im Gegensatz zur eben genannten Art ist die Wuchsform hier horizontal. Die kriechenden Äste bilden dichte Büsche.

# EUPHORBIACEAE (Wolfsmilchgewächse)

Um der Bedeutung dieser Familie für den Sammler sukkulenter Pflanzen gerecht zu werden, müßte man alle Seiten dieses Buches mit ihren Beschreibungen füllen. Mehrere Hundert von den insgesamt mehr als zweitausend Arten der Gattung *Euphorbia* sind als Sukkulenten anzusprechen. Nichtsukkulente Wolfsmilchgewächse gibt es auch in unserer Heimat, beispielsweise die Zypressenwolfsmilch *(E. cyparissias).* Sie enthält wie die sukkulenten Arten in ihren Milchröhren einen giftigen Saft, der auch beim Schneiden des Weihnachtssterns *(E. pulcherrima)* und des Christusdorns *(E. milii var. splendens)* an den Schnittstellen austritt. Der Milchsaft darf nicht in die Augen gelangen, da er Entzündungen hervorruft. Schon im Altertum wurde der Milchsaft von *E. resinifera* als Euphorbium zu Heilzwecken verwendet, der von anderen Arten als Fischgift.

Euphorbien lieben auch im Winter Temperaturen, die nicht unter 12° C absinken sollten. Sie sind damit für normal beheizte Wohnräume besser geeignet als viele Kakteen, die einen kühlen Winterstandort brauchen. Auch Bodenwärme (über einem Heizkörper) vertragen Euphorbien gut.

Wegen der erwähnten großen Anzahl von Arten wurden die sukkulenten Vertreter der Gattung Euphorbia in Sektionen eingeteilt, die nach den äußeren Merkmalen zum Beispiel »Zweistachler«, »Flügelripper« oder »Medusenköpfe« genannt werden. Da diese Einteilung für den Freizeitgärtner und Pflanzenfreund jedoch ohne Bedeutung ist, ordnen wir auch die Euphorbien in diesem Buch alphabetisch.

*Euphorbia aeruginosa*

**Euphorbia**

- *acrurensis* wird häufig mit *E. abyssinica* verwechselt. Sie wächst baumförmig und erreicht mit ihren quirligen, vierkantigen Ästen *(E. abyssinica* achtkantig) Höhen bis zu 10 m. Die Farbe der Äste ist dunkelgrün, die Kanten sind flügelartig gewellt und mit schwarzbraunen Dornen besetzt. Die Heimat dieser Art ist Eritrea.
- *aeruginosa* stammt aus Südafrika und ist eine besonders schöne und zu wenig bekannte Art. Sie verzweigt sich stark und besitzt aufrechte, bis 15 cm hohe Äste. Auf hellem, graugrünem Grund sitzen rotbraune Höcker, die mit ihren Dornen den besonderen Reiz dieser Pflanze ausmachen.
- *ammak* siehe *E. candelabrum.*
- *angularis* wächst in der ostafrikanischen Heimat strauch- oder auch baumförmig mit vielen Ästen. Die drei Kanten der Äste sind buchtig gezähnt. Zwischen den Einschnürungen stehen dornenbewehrte Dreiecke, die an eine gekonnte Laubsägearbeit erinnern.
- *aphylla* bildet auf den Kanarischen Inseln niedrige breite Büsche. Die Blätter der zierlichen, stielrunden Zweige fallen zeitig ab. Die Vermehrung wird durch Aussaat vorgenommen, da Stecklinge schlecht wurzeln.
- *avasmontana* erhielt ihren Namen nach den Auas-Bergen in Südafrika. Diese ebenfalls niedrig bleibende Art verzweigt sich dicht am Boden und besitzt zahlreiche Äste mit fünf bis acht Kanten.
- *bergeri* ähnelt *E. caput-medusae.* Wie bei der »medusenhäuptigen Wolfsmilch« bilden sich auf einem kugeligen Stamm viele kleine, grüne Äste. Auf rhombischen Höckern sitzen keine Dornen, sondern kleine Blättchen.
- *bupleurifolia* sieht mit dem dornenlosen, dichtgehöckerten, kugeligen Stamm wie ein Kiefernzapfen aus. Im Scheitel des braunen Stammes steht im Sommer ein Schopf von hellgrünen, schmalen, langen Blättern, die in der winterlichen Ruhezeit abfallen. Die Vermehrung dieser wärmeliebenden Art ist nur durch Samen möglich.

*Euphorbia bergeri*

- *canariensis* ist eine charakteristische Pflanze der Kanarischen Inseln und wegen ihrer Kleinwüchsigkeit gut für unsere Wohnung geeignet. Die senkrecht aufstrebenden Äste vereinigen sich in der Heimat zu dichten Gebüschen. Sie sind frischgrün und vier- bis sechskantig.
- *candelabrum* macht im Sudan seinem Namen mit kandelaberförmigem Wuchs alle Ehre. Über einem dicken Stamm wölbt sich eine mächtige, bis zu 10 m hohe und ebenso breite Krone, die von weitem an Schirmakazien in den Savannen erinnert. Zu dieser Art gehören auch *E. ammak* und *E. ingens.*
- *caput-medusae* soll im Winter trocken gehalten werden. Das »Medusenhaupt« ist mit seinen zahlreichen liegenden, unbedornten Trieben eine der kleinbleibenden und daher für das Zimmer besonders zu empfehlenden Arten. Da Stecklinge nicht den typischen Rosettenwuchs annehmen, sollte die Vermehrung durch Samen erfolgen.
- *clavarioides* wächst in der für Pflanzen aus Bergregionen typischen Form eines Polsters und ist in der südafrikanischen Heimat (Höhen bis 2500 m) auch Frost ausgesetzt. Um schöne, niedrige Pflanzen zu erhalten, müssen wir dieser Art im Winter viel Licht bei niedrigen Temperaturen geben.
- *coerulescens* ist eine langsamwachsende, wegen ihrer auffallend blaugrünen Färbung sehr dekorative Art aus dem südöstlichen Kapland.
- *cooperi* wächst baumförmig. Auf einem dornigen Stamm trägt diese Pflanze eine lockere Krone mit aufstrebenden Ästen. Die fünf- bis sechskantigen Äste sind in herzförmige Abschnitte gegliedert.
- *cylindrifolia* wurde erst in den letzten Jahren beschrieben. Sie gehört mit *E. decaryi* zu einer Gruppe von sehr zierlichen Euphorbien aus Madagaskar, die nur wenige Zentimeter hoch werden. Die dünnen Sprosse kriechen auf dem Boden und tragen an ihrer Spitze einen Schopf olivgrüner, zylindrischer Blättchen. Es gibt zwei Unterarten, von denen eine unterirdische Ausläufer, die andere Knollen bildet.
- *decaryi* unterscheidet sich von der eben beschriebenen Art durch ovale, am Rand gewellte Blätter.
- *echinus* aus Marokko wird wegen ihrer guten Wuchseigenschaften gern als Pfropfunterlage für anspruchsvollere Arten verwendet. Die rötlichen, später grauen Dornen sitzen auf vielrippigen Ästen, diese auf kurzen Stämmen.
- *enterophora,* eine raschwüchsige Art aus dem Süden Madagaskars, ist als Jungpflanze besonders dekorativ. Die eigenartigen Flachsprosse sind graugrün, die Spitzen erscheinen samtig rotbraun.
- *ferox* bildet große Polster. Auf den dichtgedrängten, vielrippigen Sprossen sitzen sehr derbe Dornen, die der Pflanze ein wildes Aussehen geben. Die Heimat dieser sehr schönen Art ist die östliche Kap-Provinz.
- *fimbriata* ist gegen Nässe sehr empfindlich. Die hellgrünen, später hellgrauen Sprosse werden ca. 30 cm hoch und tragen auf den zahlreichen Rippen lange Dornen, die aus den Blütenstielen entstehen.
- *franckiana* bildet dornige Sträucher, die bis zu 1 m hoch werden. Die hellgrünen Sprosse mit drei bis vier Kanten sind von grauen, schwarzgespitzten Dornen besetzt und tragen kleine gelbe Blüten.
- *globosa* erinnert mit den dicken Polstern an Arten von *Tephrocactus* aus Südamerika. Die kugeligen Sprosse sind deutlich in sechseckige Felder unterteilt, in deren Mitte im Jugendstadium kleine Blättchen sitzen. Da die Sprosse Luftwurzeln bilden, lassen sich solche Stecklinge leicht vermehren. Heimat dieser Art ist die Kap-Provinz.
- *grandicornis* benötigt viel Platz, ist dafür aber eine der schönsten Euphorbien. Diese in Ostafrika verbreitete Art besitzt kräftige, graugrüne Sprosse, deren Jahrestrieb mit einer tiefen Einschnürung endet. Dadurch treten die paarweise angeordneten langen Dornen noch stärker hervor und verleihen der Pflanze ein sehr wildes Aussehen. Sie sollte in keiner Sammlung fehlen.
- *hamata* ist eine bemerkenswerte Art mit höckerigen Sprossen und

*Diese Fotos demonstrieren zusammen mit der Abbildung auf Seite 42 den ungeheuren Formenreichtum der sukkulenten Wolfsmilchgewächse. Dies führte zur Aufstellung von Gruppen, die nach den charakteristischen Merkmalen einer Gruppe z. B. als »Medusenköpfe«, »Zweistachler«, »Flügelripper« usw. bezeichnet werden.*

*Euphorbia grandicornis, links; Euphorbia horrida, Mitte; Euphorbia franckiana, rechts.*

hinfälligen Blättchen. Zwei Eigenschaften – ungiftiger Milchsaft und das Fehlen von Dornen – führen dazu, daß diese Pflanzen an ihren Standorten in der Kap-Provinz vom Vieh gefressen werden.

- *horrida* ist ein gutes Beispiel für Konvergenz. Die kurzsäulige, vom Grund an verzweigte Pflanze sieht *Echinocactus* aus Mexiko täuschend ähnlich. Wie *E. obesa* gehört sie zu den Arten, die zweihäusig blühen, deren Pflanzen also entweder nur weibliche oder nur männliche Blüten besitzen. Vermehrung ist durch Aussaat möglich.
- *lactea,* eine der wenigen Arten aus Indien, bekam ihren Namen wegen der milchweißen Zeichnung auf dunkelgrünen, meist dreikantigen Sprossen, die wie bei *E. grandicornis* stark eingeschnürt sind. Diese Art wächst langsam und wird im Alter baumartig.
- *mammillaris* zeigt mit vielrippigen, dicken Säulen ausgesprochen kakteenähnlichen Wuchs. Aus den Stielen der Blütenstände bilden sich wenige Dornen. Heimat dieser Art ist Südafrika.
- *meloformis,* die »melonenförmige«, gehört mit *E. obesa* und *E. valida* in eine Gruppe besonders empfehlenswerter Arten. Kugelig bis kurzsäulig und unbedornt ähneln sie im Aussehen der mexikanischen »Bischofsmütze« *(Astrophytum).* Die achtrippigen, kurzen Säulen dieser Art sind dunkelgrün mit hellen Querbändern.

*Euphorbia milii var. splendens (gelbblühende Form)*

- *milii* ist eine der wenigen Arten, die wegen ihrer zahlreichen und haltbaren roten Blüten in großen Mengen herangezogen werden. Sie bildet reichverzweigte Sträucher, die durch Stecklinge vermehrt werden und schon als kleine Pflanzen blühen. Die zahlreichen Varietäten und Formen dieser Art aus Madagaskar haben zu vielen Irrtümern in der Namensgebung geführt. *E. milii var. splendens* ist der bekannte »Christusdorn« und wird in vielen tropischen Ländern als Heckenpflanze verwendet. Er blüht zu allen Jahreszeiten und verliert seine hellgrünen, länglich-ovalen Blätter bei anhaltendem Wassermangel oder plötzlicher Temperatursenkung. Neben der rotblühenden ist auch eine Form mit gelben oder cremefarbigen Blütenständen verbreitet.
- *obesa* ist für den Laien nicht von *Astrophytum asterias,* einer unbedornten »Bischofsmütze«, zu unterscheiden. Wie die Schale eines Seeigels ist sie ein Beispiel an symmetrischer Form in der Natur. Die acht Rippen dieser Art erheben sich kaum über den flachkugeligen Körper, der auf graugrünem Grund rötlichbraune Querstreifen zeigt. Diese besonders wertvolle Art stammt wie viele andere Kostbarkeiten aus der östlichen Kap-Provinz.
- *pugniformis* bildet einen sich nur wenig über den Boden erhebenden, kugeligen Stamm. An ihm sitzen wabenförmige, bis zu 20 cm lange Äste, die den Stamm sternförmig umgeben.
- *tirucalli* wächst sehr schnell. In weiten Gebieten des östlichen Afrika verwildert, soll sie wegen der Inhaltstoffe des giftigen Milchsaftes industriell genutzt werden. Die dünnen, runden Sprosse verzweigen sich quirlig und formen schnell stattliche Pflanzen, die neuerdings in Holland in großen Mengen herangezogen werden.
- *valida* gehört zu der Gruppe der besonders schönen, kugeligen Euphorbien. Der im Alter kurzsäulige Körper ist grau-grün quergestreift.
- *viguieri* erreicht in Madagaskar Höhen bis zu 1,50 m. Der keulige, sechskantige, bedornte Stamm trägt in der Vegetationszeit einen Schopf der schönsten Blätter, die es bei den Stammsukkulenten gibt. Sie sind smaragdgrün mit rotem Blattgrund und weißer Blattrippe. Die Farbe der Blütenstände ist Zinnoberrot.
- *weberbaueri,* eine der ganz wenigen Arten aus Südamerika, bildet in Höhen unter 2000 m in den peruanischen Kordilleren Massenbestände. Die dornenlosen, dünnen Triebe sind gefurcht und tragen braune Blättchen, die später abfallen.

### Jatropha

Diese Gattung nimmt sich von der Anzahl der zugehörigen Arten her gesehen neben *Euphorbia* bescheiden aus. Sie ist in der Alten und Neuen Welt anzutreffen. Neben Arten mit sukkulentem Sproß gibt es andere, deren Wurzel zu einer Knolle umgebildet wurde. Als Beispiel für die erste Gruppe nennen wir hier nur
- *peltata.* Diese in Brasilien und Peru verbreitete Art hat dunkelgrüne, gegliederte Blätter und rote Blütenstände.

## FOUQUIERACEAE (Fouquierengewächse)

Mit nur zwei Gattungen und einem kleinen Verbreitungsgebiet in Mexiko und der vorgelagerten Halbinsel Niederkalifornien ist diese Familie von geringer Bedeutung. Dennoch stellt sie mit der stammsukkulenten *Idria columnaris* eine der auffälligsten Pflanzen im mittleren Teil Niederkaliforniens.

### Idria

- *columnaris* wächst in extrem trockenen Gebieten in Gesellschaft von Kakteen, die sie mit ihren bis zu 18 m hohen, spitz auslaufenden und leicht gebogenen Säulen weit überragt. Diese seltene Sukkulente wächst sehr langsam und ist nur durch Aussaat zu vermehren.

*Pelargonium carnosum*

## GERANIACEAE (Storchschnabelgewächse)

Manche Pflanzenfreunde überwintern ihre Pelargonien (fälschlich als Geranien bezeichnet) im kühlen Keller. Wenn die Blätter dieser Pflanzen eingetrocknet sind, wird ihr fleischiger Sproß sichtbar. Diese aus feuchten Zonen Südafrikas stammende Art besitzt in den Trockengebieten ausgesprochen sukkulente Verwandte.

**Pelargonium**

– *carnosum* hat knollige Stämmchen, auf denen im Winter die gefiederten, langen Blätter sitzen. Die weißblühende Art benötigt im Sommer eine Trockenruhe.

*Die schlanken Säulen der Idria columnaris am heimatlichen Standort in Nieder-Kalifornien (Mexiko), rechts.*

# LILIACEAE (Liliengewächse)

Während in der Familie der Liliengewächse so bekannte Blütenpflanzen wie Lilien und Tulpen mit Hilfe von Zwiebeln im Boden überdauern, haben andere, in Afrika heimische Arten sukkulente Blätter ausgebildet. Viele Arten der Gattungen *Aloe, Gasteria, Haworthia* und *Sansevieria* gehören zu den anspruchslosesten Topfpflanzen und sind wahre Zimmerhelden. Eine Beschäftigung mit ihnen ist immer lohnend, gleichgültig, ob wir ihnen einen Platz auf dem Fensterbrett oder im Gewächshaus einräumen.

## Aloe

Diese artenreiche Gattung weist sehr unterschiedliche Pflanzengrößen auf. Während einige Arten hoch hinaus wollen und in ihrer Heimat mit verzweigten Kronen Höhen bis zu 10 m erreichen, geben andere sich mit wenigen Zentimetern zufrieden und sind gerade geeignet für unsere Sammlungen. Aber auch die größer werdenden Arten lassen sich gut verwenden, wenn wir sie in großen Töpfen oder Kübeln auf Terrasse oder Balkon stellen und kühl und trocken überwintern.

Der Saft einiger Aloe-Arten war schon im Altertum als Heilmittel bekannt; *Aloe arborescens* wird noch heute als »Brand-Aloe« oder »Wund-Aloe« bei leichten Verbrennungen benutzt. Für Massenanzuchten von Aloe ist die Vermehrung durch Aussaat der durch Stecklinge oder Ausläufer vorzuziehen.

- *albiflora* gehört zu den kleinbleibenden Arten aus Madagaskar. Die graugrünen, weißgefleckten Blätter sind sehr schmal, bis 15 cm lang und bilden eine steil aufgerichtete Rosette. Die Blütenfarbe ist Weiß.
- *arborescens,* die »baumförmige«, war wegen ihrer Verwendung als Heilmittel und wegen ihrer Anspruchslosigkeit früher eine sehr verbreitete Art. Sie ist heute durch schönere, oft kleiner bleibende Arten verdrängt. Die grünen, abwärtsgebogenen Blätter sind gezähnt und stehen an einem sich im Alter verlängernden Stamm. Der traubige Blütenstand hat rote Einzelblüten.
- *aristata* ist gleichfalls anspruchslos und bildet in der südafrikanischen Heimat Gruppen von dichten Rosetten, deren Blätter in eine abgetrocknete Spitze auslaufen. Je nach Wasserangebot öffnen sich die Rosetten (feucht) oder schließen sich zu einer Kugel (bei Trockenheit). Die Blütenfarbe ist Orange.
- *bakeri* läßt sich leicht aus den vielen Rosetten vermehren, die auf kleinen Stämmchen sitzen und rasenförmig zusammenstehen. Die grünen Blätter sind hell gefleckt; die Blütenfarbe geht von Rot in Gelb über. Heimat dieser Art ist Madagaskar.
- *bellatula* unterscheidet sich von *A. albiflora* durch ihre leuchtendroten Blütenstände, die schon auf jungen Pflanzen erscheinen.
- *ciliaris* ist im Kapland auf Bäume und Sträucher angewiesen, an denen die dünnen Sprosse emporklettern. Bei Stammhöhen von mehreren

*Aloe claviflora*

*Aloe arborescens*, oben; *Aloe ferox*, rechts

Metern sind die 15 cm langen, gezähnten Blätter recht klein. Die roten Blüten haben grüne Spitzen.

– *claviflora* hat aufgerichtete, graugrüne Blätter, die mit braunen Stacheln bewehrt sind. Die rot-gelben Blüten sitzen auf gebogenen Blütenstielen.
– *conifera* läßt sich nur durch Samen vermehren. Bei dieser schönen, stammlosen Art kontrastieren blaugrüne Blätter mit roten Randstacheln und zitronengelben Blüten. Heimat dieser Art ist Madagaskar.
– *ferox* gehört zu den Arten, die in Gärtnereien alljährlich in großen Mengen ausgesät und als junge Pflanzen verkauft werden. Die Blätter sind graugrün, werden im Alter bis zu 1 m lang und sind ganzflächig mit rotbraunen Stacheln besetzt. In der Heimat stehen bei bestimmten Erscheinungsformen dieser Art die Blätter an oft hohen Stämmen, die sich hier bei uns nicht entwickeln. Die Blüten sind scharlachrot bis orange.
– *haworthioides* aus Madagaskar ist von besonderer Schönheit und selten in den Sammlungen zu finden. Die sehr schmalen, mit Borsten besetzten Blätter stehen in dichten Rosetten von wenigen Zentimetern Durchmesser. Die orangefarbenen Blüten erscheinen im frühen Winter.

Aloe variegata

- *humilis* gehört ebenfalls zu den niedrigen, rasenbildenden Arten. Die Warzen und Zähne der graugrünen Blätter sind sehr dekorativ. Die zahlreichen Ausläufer dieser Art machen die Vermehrung sehr leicht. Die Blüten sind korallenrot. Heimat dieser Art ist das Kapland.
- *longistyla* bildet Einzelrosetten aus aufgerichteten, blauwachsigen Blättern, die nur wenig von einem kompakten Blütenstand überragt werden. Die Blütenfarbe ist Rot.
- *parvula* unterscheidet sich von *A. haworthioides* nur durch die scharlachroten, langglockigen Blüten.
- *plicatilis* verkörpert einen völlig anderen Wuchstyp. Im Kap-Gebirge wächst sie in Form von meterhohen Büschen. Die hellgrauen, linealen Blätter bilden keine Rosetten, sondern stehen fächerförmig in zwei Zeilen. Die Blüten sind scharlachrot.
- *rauhii* wurde nach Professor Rauh benannt, dessen Verdienst die Erforschung der Sukkulenten Madagaskars und der Aufbau der einmaligen Sammlungen des Botanischen Gartens Heidelberg ist. *A. rauhii* gehört zu den Miniaturarten und besitzt relativ breite, graugrüne Blätter mit weißen Flecken. Die Rosetten erreichen einen Durchmesser von 15 cm und bilden in der madagassischen Heimat dichte Rasen.
- *striata* wird mit ihren bis zu 50 cm langen Blättern ziemlich groß. Auf blaugrauem Grund zeigen sie deutliche Längsnerven und rote Ränder. Der reichverzweigte Blütenstand wird bis zu 1 m hoch, die Farbe der Blüten ist Rot. Heimat dieser Art ist Südafrika.
- *variegata* wird wegen der gefleckten Blätter »Tiger-Aloe« genannt. Als Sämling ist diese auffallend schöne Art etwas empfindlich gegen Nässe, gedeiht aber auf dem Fensterbrett hervorragend. Die kurzen Blätter stehen wie Schuppen dicht an dem im Alter bis zu 30 cm hohen Stamm. Diese Art blüht im Alter mit hellroten, glockigen Blütenständen. Blütezeit ist von Winter bis Frühjahr. Die Vermehrung ist aus Samen und Seitensprossen möglich.

### Dasylirion

Diese Gattung stammt aus Mexiko und den Trockengebieten im Südwesten der USA und bietet dekorative Pflanzen für größere Sammlungen.
- *acrotrichon* hat etwa 1 cm breite und bis zu 1 m lange, dunkelgrüne Blätter, die als Schopf auf einem kurzen Stamm stehen. Die Blattränder sind gezähnt, die Spitze läuft in eine Faserquaste aus. Diese sehr dekorative Art stammt aus Mexiko.

### Gasteria

Die Arten dieser Gattung sind ausschließlich in Süd- und Südwestafrika beheimatet. Sie sind weniger lichtbedürftig als die der Aloe und können notfalls auch mit einem Platz am Nordfenster vorliebnehmen. Es sind kleine sukkulente Stauden, die sich durch ihre zahlreichen Ausläufer selbst vermehren. Die in der Jugend zweizeilig geordneten Blätter bilden an älteren Pflanzen oft Rosetten. Die Blütenstände sind nicht verzweigt und mit roten Blüten besetzt, die bauchig verdickt und am verengten Rand oft grün gefärbt sind.
- *acinacifolia* hat bis zu 15 sehr kräftige, schwertförmige, dunkelgrüne Blätter, die höchstens 35 cm lang werden.
- *armstrongii* ist mit 4 cm langen und ebenso breiten Blättern ein Zwerg.
- *batesiana* wird wegen ihrer Blattzeichnung als schönste Gasteria bezeichnet. Sie wächst rosettig und ist mit weißen Warzen bedeckt.
- *liliputana* hat ebenso kurze, aber viel schmalere Blätter als *G. armstrongii*. Die zwergigen Pflanzen bilden Ausläufer und sind damit gut zu vermehren.
- *maculata* hat kräftige, zungenförmige Blätter, die bis zu 20 cm lang werden. Ihr Reiz liegt in den hellen Flecken, die sich in Querbändern über die Blätter erstrecken.
- *pulchra* unterscheidet sich von *G. maculata* durch die längeren, zweizeilig geordneten Blätter.
- *verrucosa* treffen wir unter dem Namen »Hirschzunge« als robuste Zimmerpflanze in vielen Wohnungen an. Die mit weißen Punkten übersäten, langen, schmalen Blätter sind in den für Gasterien typischen zwei Zeilen geordnet.

## Haworthia

Wie *Gasteria* gehört auch diese Gattung zu den Liliengewächsen aus dem Süden Afrikas. Ihre Arten stellen ähnliche Ansprüche und sind Blattsukkulenten, deren kleine Rosetten empfindlich sind gegen volle Sonne. Nicht die unscheinbaren Blüten, sondern die meist auffällig gezeichneten Blätter machen den Wert dieser Pflanzen aus.

– *aristata* hat vielblättrige, wenig sprossende Rosetten von einem Durchmesser bis zu 7 cm. Die grünen, oft rötlich angehauchten Blätter laufen in eine papierne Spitze aus. Diese Art ist ebenso wie *H. attenuata* weit verbreitet und leichtwachsend.
– *attenuata* hat längere Blätter als *H. aristata.* Sie sind aufgerichtet und mit weißen Warzen besetzt.
– *bolusii* ist selten in den Sammlungen anzutreffen, was wohl auf ihre große Empfindlichkeit gegen Nässe zurückzuführen ist. Die nur wenige Zentimeter großen Rosetten bestehen aus zahlreichen blaßgrünen Blättern. Ihr auffallender Schmuck sind die Borstenhaare und bei einigen Unterarten die Längsstreifen der Blätter.
– *cymbiformis* sieht mit den breitovalen, grünen Blättern wie eine Echeverie aus. Besonders bemerkenswert ist die *H. cymbiformis var. translucens.* Die Blätter sind, wie der Name sagt, durchsichtig und nur von schmalen grünen Streifen durchzogen.
– *fasciata* ähnelt *H. attenuata.*
– *limifolia* verdankt ihren Namen den quer über die graugrünen Blätter laufenden Schwielen. Diese Blätter haben die Form eines Dreiecks und bilden kleine Rosetten.
– *margaritifera* hat bei Trockenheit aufgebogene Blätter, die unterseits deutlich gekielt sind. Die stark erhabenen Warzen stehen einzeln und treten nur bei einer Unterart zu Bändern zusammen.
– *papillosa* ähnelt *H. margaritifera.* Die wenigen Blätter sind gebogen aufgerichtet und geben so der Blattrosette die Form eines Eies. Mit ihren stark hervortretenden Warzen ist sie eine der prächtigsten Arten.
– *reinwardtii* gehört zur Gruppe der stammbildenden Arten. Im Gegensatz zu vielen Sukkulenten bleiben die Blätter an diesen Stämmchen erhalten. Die Pflanzen bilden kleine Säulen, an denen die olivgrünen, weiß gesprenkelten Blätter wie Schuppen übereinanderliegen.

*Haworthia reinwardtii, links*

*Haworthia fasciata, rechts*

- *tesselata,* die »Schachbrett-Haworthie«, zeigt auf dunklen, dreieckigen Blättern ein deutliches Netzmuster.
- *truncata* hat sich als hochsukkulente Pflanze in einer Weise der intensiven Sonnenstrahlung angepaßt, wie wir es sonst nur von den Mittagsblumen kennen. Die in zwei Zeilen geordneten, aufgerichteten Blätter verschwinden am Standort fast im Boden und lassen nur die wie abgeschnitten wirkenden Blattenden sehen. Diese sind zu durchscheinenden Fenstern umgebildet, durch die das Licht in das Innere der Blätter gelangt. Eine Vermehrung ist durch Blattstecklinge möglich.
- *viscosa* stellt seine kurzen, kahnförmigen Blätter dachziegelförmig um kleine Stämmchen, die bis zu 20 cm hoch werden. Die Oberseite der Blätter ist rauh.

### Sansevieria

Die Arten dieser Gattung, die auch den Namen »Bogenhanf« trägt, sind der beste Beweis für die Eignung sukkulenter Pflanzen in zentralgeheizten Wohn- und Geschäftsräumen. Trockene Luft, ein Platz über dem Heizkörper – der Bogenhanf wächst auch unter solchen Bedingungen. Die weißen Blüten der Sansevierien sind wenig attraktiv, und wir pflegen diese Pflanzen nur wegen ihrer dekorativen Blätter. Alle Arten stammen aus dem tropischen Afrika, Indien und Sri Lanka (Ceylon). Als typische Bewohner des wechselfeuchten, tropischen Tieflandes sind Sansevierien unempfindlich gegen hohe, aber empfindlich gegen niedrige Temperaturen. Schon über dem Gefrierpunkt können Kälteschäden auftreten.
- *cylindrica* hat fingerdicke, runde Blätter, die bis zu 1 m lang werden. Sie sind dunkelgrün, oft gebogen und auf der Oberseite mit einer Furche versehen. Heimat dieser Art ist das tropische Afrika.
- *grandis* ist wie die eben beschriebene Art selten außerhalb Botanischer Gärten anzutreffen. An fleischigen Rhizomen (Erdsprossen) sitzen wenige graugrüne, gebänderte Blätter, die bis zu 20 cm lang und ebenso breit werden. Der beste Platz für diese ungewöhnliche Sukkulente ist ein im Blumenfenster aufgehängter Pflanzkorb, wie wir ihn auch für Orchideen verwenden.
- *hahnii* ist die kleinste Art dieser Gattung. Sie bildet aus kurzen, breiten Blättern trichterförmige Rosetten. Es gibt auch eine Form mit unregelmäßigen, goldgelben Längsstreifen.
- *trifasciata* ist in Sri Lanka und Indien verbreitet und wird fälschlich auch als *S. zeylanica* bezeichnet. Das Grün der schwertförmigen Blätter ist von grauen Querbändern fast überdeckt. Massenanzuchten in Europa und Übersee haben die *S. trifasciata var. laurentii* aus dem Gebiet des Kongo zum bekanntesten »Bogenhanf« gemacht. Diese Varietät unterscheidet sich von der Art durch die goldgelben Längsstreifen am Blattrand. Die Vermehrung erfolgt nur durch die sich zahlreich bildenden Ausläufer, da aus Blattstecklingen nur die grünen Blätter der Art ohne die gelben Streifen der Varietät entstehen.

### Yucca

Die Pflanzen dieser unter dem deutschen Namen »Palmlilie« bekannten Gattung sind nicht eigentlich sukkulent, aber in ähnlicher Weise an das Klima von Trockengebieten angepaßt. Unter ihnen haben wir winterharte Arten, die mit ihren steifen, hochaufgerichteten Blättern und imponierenden Blütenständen Blickpunkte in einer Sammlung von Freiland-Sukkulenten bilden. Die zum Teil sehr farbenprächtigen Blätter der nicht frostharten Arten lohnen deren Überwinterung in einem frostfreien Raum.
- *filamentosa* bildet mit schwertförmigen, graugrünen Blättern stammlose Rosetten. Die meterhohen Blütenstände sind verzweigt und mit zahlreichen glockigen, weißen Blüten besetzt. Diese winterharte Art stammt aus Nordamerika.
- *aloifolia* aus dem karibischen Raum hat Stämme, die Höhen bis 6 m erreichen können. Diese frostempfindliche Art hat eine besonders schöne, buntblättrige Varietät, *aloifolia var. quadricolor,* deren Blätter gelbe, weiße und rote Längsstreifen haben.

## MESEMBRYANTHEMACEAE (Mittagsblumengewächse)

Als der große schwedische Botaniker C. Linné 1753 die Gattung *Mesembryanthemum* (Mittagsblumen) aufstellte, waren die Heimatgebiete dieser Pflanzen im Süden Afrikas zum großen Teil noch unerforscht. So konnte er nicht ahnen, daß eine Flut von neuen Pflanzenfunden aus diesen Gebieten dazu führen würde, daß wir es heute mit einer eigenen Familie, etwa 150 Gattungen und mehr als 2000 Arten zu tun haben. H. Jacobsen benötigte in seinem grundlegenden »Handbuch der sukkulenten Pflanzen« (G. Fischer Verlag, Jena, erschienen 1954/55) einen von drei Bänden allein für die Beschreibung der Mittagsblumengewächse.
Alle diese Pflanzen sind Bewohner frostfreier und extrem trockener Gebiete, in denen sie zur Blütezeit weite Flächen mit den leuchtenden Farben ihrer prächtigen Blüten überziehen. Obgleich der Name »Mittagsblumengewächse« auf die sich bei Sonnenschein öffnenden Blüten hinweist, sind heute auch nachtblühende Arten bekannt. Die vielen Gattungen und Arten dieser Familie unterscheiden sich vor allem durch die Gestalt der Pflanzenkörper. Der Bau der Blüten ist weitgehend einheitlich. Zahlreiche, zungenförmige Blütenblätter in meist leuchtenden Farben (Gelb bis Violett) stehen wie ein Kranz um die zahlreichen Staubgefäße in der Mitte der Blüten. Sie werden daher in den Beschreibungen nicht erwähnt.

*Vermehrung von Sansevieria trifasciata var. laurentii im pazifischen Küstengebiet von Guatemala.*

*Mittagsblumen und Gazanien in Südafrika*

Unter den Bodenschätzen Süd- und Südwestafrikas sind besonders Gold und Diamanten zu nennen. Für den Pflanzenfreund sind diesen Bodenschätzen gleichwertig die »Edelsteine« unter den Sukkulenten, die wir als »Mittagsblumen« oder »Lebende Steine« und »Fensterblätter« kennen.
Wichtig für die Pflege dieser Kostbarkeiten ist die Kenntnis der meist kurzen Regenzeiten in ihrer Heimat. Es gibt Gebiete mit Sommerregen, andere mit winterlicher Regenzeit und sogar solche, in denen der Nebel in den Küstenbergen die einzige Quelle der Feuchtigkeit für das Pflanzenwachstum darstellt. Auch Tau, der nach heißen Tagen und kühlen Nächten auftritt, liefert lebensnotwendiges Wasser. Nebel und Tau lassen sich schwer auf dem Fensterbrett, leichter im Sommer auf dem Balkon nachahmen.
Wegen der Übersicht sind auch hier Gattungen und Arten wie bei allen anderen Familien alphabetisch geordnet. Daneben weisen die in Klammern gesetzten Buchstaben hinter dem Artnamen auf die jeweilige Wuchsform hin. Die Wuchsformen kann man in drei Gruppen einteilen, woraus sich die Verwendung der Pflanzen und die Art ihrer Vermehrung ableiten lassen. Wie immer in der Natur gibt es zwischen den Wuchsformen keine scharfen Grenzen, sondern fließende Übergänge.
Die mit (St) bezeichneten *strauchigen Arten* werden in der Wohnung leicht sparrig und sollten daher in jedem Spätsommer erneut durch Stecklinge vermehrt werden. Die Jungpflanzen verschiedener Arten dieser Gruppe werden im Frühjahr auch in Gärtnereien angeboten. Wir pflanzen sie nach den letzten Nachtfrösten Ende Mai in den Balkonkasten oder in das Sukkulentenbeet unseres Gartens. Im Hochsommer wird uns bei sonnigem Wetter eine Kaskade von strahlenden Blüten für die kleine Mühe der Anzucht und Pflege dieser Pflanzen mehr als entschädigen.
*Gruppenbildende Mittagsblumengewächse* (G) sind durch ihre Wuchsform und geringe Größe typische Zimmerpflanzen. Ihre Blätter sind größer, von geringerer Zahl und fleischiger (sukkulenter) als die der zuvor genannten Gruppe. Sie bilden mehr oder weniger regelmäßige Rosetten, die an der Basis sprossen und so Gruppen von einigen bis vielen Rosetten bilden, die im Laufe der Jahre die gesamte Fläche der Töpfe oder Schalen bedecken. Als blühende Pflanzen werden die Arten dieses Wuchstyps häufig im Sommer in Blumengeschäften angeboten. Ein Beispiel hierfür ist der bekannte »Tigerrachen« *(Faucaria tigrina).* Die Anzucht wird in Gärtnereien durch Aussaat vorgenommen, doch ist auch eine Vermehrung durch Stecklinge (Abtrennen der Einzelpflanzen einer Gruppe) gut möglich.
(Hs) ist das Zeichen für die *hochsukkulenten Arten.* Zu ihnen zählen die als »Lebende (oder »blühende«) Steine« bezeichneten *Lithops* und *Conophytum* oder die eigenartigen »Fensterblätter« *(Fenestraria).* Als Be-

*Ein Blütenteppich von Lampranthus im Botanischen Garten Huntington, USA*

wohner extrem sonnenscheinreicher und trockener Gebiete brauchen sie den sonnigsten Platz in unserer Wohnung und sollten eine Sommerfrische im Garten nur dort bekommen, wo sie sich wie zu Hause fühlen können. Unter ihnen finden wir neben Arten für den Anfänger eine große Anzahl von Pflanzen, deren Pflege viel Fingerspitzengefühl, Erfahrung und Kenntnis der Lebensbedingungen hochsukkulenter Pflanzen erfordert.

## Aloinopsis

Die Arten dieser Gattung werden von einigen Fachleuten der Gattung *Nananthus* zugerechnet. Sie wachsen polsterförmig und sind wegen ihrer Rübenwurzeln nur in besonders hohen Töpfen, sogenannten Baumschultöpfen, zu kultivieren. Hauptwachstumszeit ist im Sommer. Sie benötigen eine Winterruhe in einem trockenen Raum bei Temperaturen nicht unter 15° C.

- *malherbei (Nananthus malherbei)* (G) ist eine sehr dekorative Art mit blaugrünen, aufgerichteten Blättern, die 2,5 cm lang werden und mit weißen Warzen besetzt sind. Die Blüten sind bräunlich bis fleischfarben.
- *peersii* (G) bildet flache Rosetten. Die Blätter sind dick, blau bis graugrün, behaart und punktiert. Die Blüten sind gelb.

## Argyroderma

Diese hochsukkulenten Pflanzen bekamen auf Grund ihres Aussehens den Namen »Silberhaut«. Ihre Wachstumszeit ist im Sommer. Während der Überwinterung bei Temperaturen über 15° C kaum gießen.

- *octophyllum* (Hs) besteht aus höchstens zwei Paaren hochsukkulenter, graugrüner Blätter, die in einem weiten Spalt auseinanderklaffen. Die großen gelben Blüten bedecken fast den ganzen Pflanzenkörper.
- *ovale* (Hs) bildet mehrtriebige Pflanzen. Die Blätter sind auf der unteren Seite gekielt, die großen Blüten purpurrosa.

## Bergeranthus

Zu dieser Gattung gehören Arten wüchsiger Pflanzen, deren mehr oder minder zahlreiche Rosetten Rasen bilden. Ihre Wachstumszeit ist im Sommer. Zur Überwinterung kühl halten.

- *multiceps* (G) hat dreikantige, schmale, gebogene, grüne Blätter. Die gelben Blüten sind außen rötlich.

*Ophthalmophyllum praesectum (Beschreibung S. 60)*

*Argyroderma octophyllum*

*Argyroderma ovale*

*Cheiridopsis candidissima*

## Carpobrotus

Neben den in Südafrika beheimateten Arten beinhaltet diese Gattung auch solche, die in Chile, Kalifornien und Australien verbreitet sind. In den Mittelmeerländern angepflanzt, sind sie vielfach verwildert. Sie wachsen sehr stark und werden entweder durch Aussaat oder durch Stecklinge vermehrt. Wegen ihrer großen Blüten sind sie sehr geeignet für Balkon und Freilandbeete. Die Überwinterung muß frostfrei sein.

- *acinaciformis* (St) bildet Sprosse von 1,50 m Länge, die mit graugrünen, säbelförmigen Blättern besetzt sind. Ihre leuchtend karminpurpurnen Blüten erreichen einen Durchmesser von 12 cm und sind damit die größten aller Mittagsblumen.
- *edulis* (St) liefert mit ihren eßbaren Früchten die sogenannten »Hottentotten-Feigen«.

## Carruanthus

Diese Gattung steht *Bergeranthus* nahe und wird wie diese behandelt.

- *caninus* (G) erhielt den Namen »Hundeschnauze« wegen der graugrünen, keulenförmigen Blätter, deren lockere Rosette mit den gezähnten Blatträndern an das Gebiß eines Hundes erinnert. Auffällig sind die langen Stiele der gelben Blüten.

## Cephalophyllum

Die Pflanzen dieser artenreichen Gattung wachsen strauchig oder gruppenbildend. Sie können im Sommer im Garten oder auf dem Balkon aufgestellt werden und sind kühl zu überwintern.

- *subulatoides* (G) hat graugrüne, schmale, lange und gespitzte Blätter. Diese Art blüht rot.

## Chasmatophyllum

Die wenigen Arten dieser Gattung bilden kleine Sträucher, die wenig Platz benötigen. Sie sind geeignet als Zimmerpflanzen, die mäßig feucht und im Winter nicht unter 12° C gehalten werden.

- *musculinum* (St) besitzt niederliegende Äste, die mit kurzen, fein punktierten Blättern besetzt sind. Die Spitzen der gelben Kronenblätter sind gerötet.

## Cheiridopsis

Der Name dieser Gattung bedeutet »ärmelähnlich«, wegen der in der Trockenzeit eintrocknenden Blattpaare, die wie ein übergestülpter Ärmel die darunter angelegten Blätter schützen. Eine Gattung hochsukkulenter Arten, deren Hauptwachstum im Frühsommer bei mäßiger Feuchtigkeit (nicht im Freien) erfolgt. Sie benötigen eine trockene, warme Überwinterung.

- *candidissima* (Hs) besitzt im unteren Teil verwachsene, lang kahnförmige, aufrechte Blätter. Die Oberfläche ist punktiert.
- *herrei* (Hs) bildet aus jeweils zwei kurzen Blättern kleine Sprosse, aus deren vertieftem Scheitel die gestielten, gelben Blüten erscheinen.
- *purpurascens* (Hs) ist dadurch bemerkenswert, daß sich bei starker Sonnenstrahlung die Blätter von Graugrün nach Rot verfärben. Die Blüte ist gelb.

## Conophyllum

Die Pflanzen dieser Gattung haben extrem kurze Wachstumszeiten (Spätsommer oder Frühherbst). Auch in diesen wenigen Wochen werden sie nur mäßig feucht, in der ganzen übrigen Zeit trocken gehalten. Sie sind für Anfänger nicht geeignet. Bei

– *grande* (Hs) wechseln unterschiedlich gestaltete Blattpaare, die verschiedene Aufgaben haben. Dadurch unterscheidet sich das Aussehen der Pflanze sehr deutlich in den Zeiten des Wachstums und der Ruhe.

**Conophytum**

Diese Gattung ist nicht nur ein klassisches Beispiel für die täuschende Anpassung von Lebewesen an das Aussehen der Umgebung, was wir als »Mimikry« bezeichnen. Zusammen mit den ähnlichen Pflanzen von *Lithops* gehören sie zu den »Lebenden Steinen« und als solche zum Aufregendsten, das die Sukkulentenwelt im Süden Afrikas zu bieten hat. Zwei miteinander verwachsene, hochsukkulente Blätter bilden einen Sproß, dessen Aussehen zu dem Gattungsnamen »Kegelpflanze« führte. Neben den vielen tagblühenden Arten gibt es auch solche mit nächtlichen, farblosen, dafür aber duftenden Blüten.

Die zwergigen Pflanzen bilden im Laufe von Jahren Polster, deren Einzelköpfe zur Vermehrung abgetrennt werden können. Eine Vermehrung ist auch leicht durch Aussaat möglich. Im Gegensatz zu *Lithops* reicht die Wachstumszeit der meisten Arten von *Conophytum* vom Herbst bis in den Winter und beginnt nur bei einigen Arten schon im Juni. Zur Pflege ist ein heller Platz auf dem Fensterbrett nötig. Nach Abschluß der Wachstumszeit kühl und trocken halten.

– *albescens* (Hs) ist ein Vertreter jener Gruppe, deren Blattpaar im oberen Pflanzenteil nicht verwachsen (bilob) ist. Die blaß graugrünen Körper sind mit feinen, weißen Haaren besetzt. Die Blüte ist gelb.
– *bilobum* (Hs) gehört zur gleichen Gruppe wie die ebengenannte Art. In Seitenansicht wirkt der Pflanzenkörper herzförmig. Die Blüte ist gelb.
– *concavum* (Hs) besitzt samtige, hellgrüne Blätter, die bis auf einen schmalen Spalt verwachsen sind. Die Blütenfarbe ist Weiß.
– *ectypum* (Hs) bietet mit den papiernen Häuten der alten Blätter keinen schönen Anblick. Das ändert sich jedoch schon bei Beginn der Vegetationszeit, besonders aber beim Erscheinen der zahlreichen rosa Blüten. Die *ectypum var. tischleri* blüht gelb.
– *frutescens* (Hs) hat mit aufstrebenden, 10 cm hohen Ästen eine ungewöhnliche Wuchsform. Die biloben, grünen Sprosse sind punktiert. Die Blütenfarbe ist Tieforange.
– *mundum* (Hs) ist wegen der auffallenden Zeichnung sehr attraktiv. Dunkle Punkte laufen auf der graugrünen Oberfläche zu unregelmäßigen Linien zusammen. Die Blüte ist gelblich.
– *obconellum* (Hs) besitzt ebenfalls eine Zeichnung der graugrünen Körper und gehört zu den Nachtblühern. Die Blüte ist weiß und duftet.
– *pearsonii* (Hs) zählt zu den besonders blühwilligen Arten. Die dunkelgrünen Körper sind oben abgeflacht und gepunktet. Die violetten Blüten sind sehr groß.
– *velutinum* (Hs) hat rötlichpurpurne Blüten. Die olivgrünen Körper sind samtig behaart.

*Conophytum pearsonii*

**Delosperma**

Diese anspruchslosen, fast das ganze Jahr blühenden Zwergsträucher lassen sich gut im Zimmer pflegen. Im Sommer, der Hauptwachstumszeit, können wir sie im Freien aufstellen, sofern sie gegen übermäßige Nässe geschützt sind. Eine Vermehrung ist durch Samen und Stecklinge möglich.

– *cooperi* (St) bildet kleine Sträucher mit niederliegenden Sprossen und schmalen, gebogenen, sukkulenten Blättern. Diese sind mit Warzen besetzt, die so angeordnet sind, daß die Blätter längsgestreift wirken. Die endständigen Blüten erscheinen selten einzeln, haben einen Durchmesser von 5 cm und sind purpurrot.
– *echinatum* (St) erreicht 30 cm Höhe und hat eiförmige, weichfleischige Blätter, die mit borstig zugespitzten Papillen (Warzen) besetzt sind. Die weißen oder gelben Blüten erscheinen fast das ganze Jahr.
– *lehmannii* (St) wirkt mit seinen kahnförmigen, steifen Blättern etwas starr. Die Ästchen sind zunächst rötlich, später grau. Die Farbe der 4 cm großen Blüte ist Blaßgelb.

*Delosperma sutherlandii*

*Dorotheanthus bellidiformis*

– *sutherlandii* läßt sich nicht in das Schema der drei Gruppen von Wuchsformen einordnen, weil die Ästchen dieser Art alljährlich absterben. Die Pflanzen bleiben niedrig. Die Blätter sind frischgrün, lanzettlich und bilden Rosetten. Die Blütenfarbe ist Violettrosa.

**Dorotheanthus**

Die Arten dieser Gattung müssen alljährlich im Frühjahr ausgesät werden. Die einjährigen Pflanzen sind sowohl in Töpfen als auch besonders für den sommerlichen Beet- und Balkonschmuck im Freien zu verwenden, wo sie die bepflanzten Flächen an sonnigen Tagen in wahre Blütenteppiche verwandeln.

– *bellidiformis* liebt das trockenwarme Hochsommerwetter unserer Weinbaugebiete. Unter solchen Voraussetzungen sind die dunkelgrünen, silbrig glänzenden Blattrosetten bald mit leuchtenden Blüten in Orange und Rot bedeckt.

**Drosanthemum**

Der Name dieser Gattung erinnert an den bekannten »Sonnentau« *(Drosera)*. Die Blätter dieser strauchigen Mittagsblume sind dicht mit glitzernden Papillen (Warzen) besetzt. Auch diese Pflanzen sind leicht zu pflegen und im Sommer für den Garten geeignet. Während der Überwinterung hält man sie mäßig warm. Eine Vermehrung ist durch Aussaat und Stecklinge möglich.

– *hispidum* (St) erhielt den Namen wegen der silberweißen Härchen an den graubraunen Ästen. Die Blüten sind purpurrot.
– *speciosum* ist eine wertvolle Art mit orangeroten Blüten.

**Faucaria**

Mit ihren meist gelben und großen Blüten ist diese Gattung im Sommer häufig in Blumengeschäften anzutreffen. Die Namen einiger Arten wie

»Tigerrachen« und »Wolfsrachen« drücken sehr plastisch das Aussehen dieser sehr wüchsigen Pflanzen aus. Sie lassen sich leicht durch Samen oder Stecklinge vermehren und werden im Sommer häufiger, im Winter seltener gegossen. Diese Arten sind für den Anfänger sehr zu empfehlen.

- *felina* (G), der »Katzenrachen«, besitzt wie alle Faucarien Blätter, die in der Draufsicht wie Dreiecke erscheinen und die als sternförmige Rosetten an den kurzen Stämmchen stehen. Die fleischigen, frischgrünen Blätter sind undeutlich punktiert und tragen am Rand 3 bis 5 Zähnchen. Die Blüten sind goldgelb und haben einen Durchmesser von etwa 5 cm.
- *lupina* (G) ist mit »Wolfsrachen« zu übersetzen. Die Blätter dieser Art unterscheiden sich von denen der eben beschriebenen durch eine größere Anzahl von Zähnen und eine feinere Punktierung. Die ebenfalls gelben Blüten erreichen nur einen Durchmesser von etwa 3,5 cm.
- *tigrina*, der »Tigerrachen«, ist in den Sammlungen am stärksten verbreitet. Auf graugrünen Blättern, die sich bei sehr sonnigem Stand rötlich färben, sind die Punkte in Reihen angeordnet. Die Blätter tragen am Rand bis zu 10 kräftige Zähnchen. Die goldgelben Blüten sind bis zu 5 cm groß.
- *tuberculosa* (G) hat neben den Zähnen warzenartige Höcker auf den Blättern, die dieser Pflanze den Beinamen »gehöckerte« eintrugen. Auch sie blüht gelb.

*Faucaria tigrina*

## Fenestraria

Diese Gattung hat besonders schön ausgebildete sogenannte »Fenster«. Sie sitzen an den abgerundeten Spitzen der steil aufgerichteten, hochsukkulenten Blätter. Zum Schutz gegen Wasserverlust durch Verdunstung sind die Pflanzen in ihrer extrem lichtreichen und trockenen Heimat fast ganz im Boden verborgen. In unseren lichtarmen Wohnungen pflanzen wir sie nur bis zum Wurzelhals ein und setzen so die Blätter voll dem Sonnenlicht aus. Geringe Wassergaben zur Wachstumszeit im Sommer sind ausreichend. Während der Überwinterung mäßig warm und völlig trocken halten.

- *aurantiaca* blüht im August und September. Die Farbe der Blüten ist Gelb.

## Frithia

- *pulchra* (Hs) ist als einzige vertretene Art mit ihren Fensterblättern *Fenestraria* sehr ähnlich. Sie unterscheidet sich durch ihre karminroten Blüten und eine abweichende Wachstumszeit (Winter). Wassergaben im Winter sind nötig, während im Sommer Trockenruhe eingelegt wird.

## Gibbaeum

Die Blattpaare dieser hochsukkulenten Pflanzen sind selten gespreizt und oft bis auf einen schmalen Spalt miteinander verwachsen. Bei ungleicher Blattgröße kann dieser Spalt auch seitlich an dem kugeligen Blattpaar stehen. Die Pflege dieser wertvollen Pflanzen erfordert einige Erfahrung. Sie wachsen und blühen bei hellem Stand und Temperaturen von über 15° C im Winter. Der Sommer ist die Zeit der Trockenruhe.

- *album* (Hs) bildet Polster aus weißfilzigen, dickfleischigen Blättern, die so angeordnet sind, daß die Blattpaare eiförmig erscheinen. Die Blütenfarbe ist Weiß.
- *heathii* (Hs) wächst am heimatlichen Standort rasenförmig. Die graugrünen, verwachsenen Blätter bilden kugelförmige Körper, aus deren schmalem Spalt im Frühjahr die weißen oder rosa Blüten erscheinen.
- *pilosum* (Hs) hat seine Vegetationszeit vom Winter bis in den Sommer; die Blütezeit liegt im Dezember und Januar. Der Spalt zwischen den

*Lithops aucampiae*

hellgrünen Blättern ist seitlich verschoben und reißt bei Erscheinen des Neutriebs tief auf.
- *pubescens* (Hs) bildet abwechselnd lange und kurze Blattpaare, die weißfilzig behaart sind. Die violettroten Blüten blühen im Februar und März.

## Glottiphyllum

Die charakteristischen Blattformen führten bei dieser Gattung zu dem Namen »Zungenblatt«. Alle Arten sind leicht zu pflegen, durch Aussaat oder Stecklinge zu vermehren und sehr blühwillig. Sie können den Sommer im Freien verbringen und blühen von August bis Februar.
- *depressum* (G) hat weichfleischige, saftiggrüne, bis zu 10 cm lange Blätter. Sie liegen am Boden auf und sind an den Enden zungenförmig aufgebogen. Die Blüten sind gelb und gestielt.
- *linguiforme* (G) ist selten als reine Art anzutreffen, sondern meist als Kreuzung mit anderen Arten. Die Blätter sind relativ breit und in zwei Zeilen angeordnet.



- *parvifolium* (G) trägt mit nur 3 cm langen Blättern zu Recht den Beinamen »kleinblättrige«. Dennoch erreichen die goldgelben Blüten einen Durchmesser von 8 cm.

## Lampranthus

Die Arten dieser Gattung gehören zu den dankbarsten Mittagsblumen aus der Gruppe der kleinen Sträucher. Als Topfpflanzen, auch in Ampeln aufgehängt, oder im Sommer im Sukkulentenbeet bringen sie prächtige Blüten hervor. Eine Vermehrung ist leicht durch Aussaat und Stecklinge möglich. Während der Überwinterung kühl und hell stellen.
- *aurantiacus* (St) trägt an aufrechten Trieben mit rostroter Rinde 2 bis 3 cm lange schmale, kantige, grün und grau bereifte Blätter. Um einen vollen Flor orangeroter Blüten zu entfalten, braucht die Pflanze viel Sonne.
- *conspicuus* (St) unterscheidet sich durch Blätter, die mehr aufgerichtet und doppelt so lang wie bei der eben beschriebenen Art sind. Die Blütenfarbe ist Purpurrot.
- *spectabilis* (St) hat niederliegende Äste. Die dreikantigen, grünen, bereiften Blätter sind im Bogen aufwärtsgerichtet. Blütezeit ist Mai bis Juli, die Blütenfarbe Purpurrot.

## Lapidaria

- *margaretae* (Hs) ist die einzige Art dieser Gattung. Die goldgelben Blüten sind mit einem Durchmesser von 5 cm größer als die aus mehreren Paaren hochsukkulenter Blätter bestehenden Einzelpflanzen, die im Laufe der Jahre Polster bilden. Die am Grunde verwachsenen Blätter sind weiß mit rötlichem Rand und sind auf der Unterseite gekielt.

## Lithops

Diese bekanntesten Vertreter der »Lebenden Steine« sind trotz ihrer Schönheit und Blühwilligkeit auch auf dem Fensterbrett vom Anfänger leicht zu pflegen. Das liegt daran, daß ihre Wachstumszeit in unserem Sommer, die Trockenruhe (an einem hellen Platz am Fenster) im Winter liegt. Die beste Überwinterungstemperatur (September bis März) liegt bei etwa 15° C. Die großen, nur nachmittags geöffneten Blüten erscheinen vom Hochsommer bis in den Winter hinein.
- *aucampiae* (Hs) hat einen Körper aus zwei verwachsenen Blättern mit schmalem Spalt und an der Oberfläche gewölbten Enden. Die Grundfarbe ist Hellbraun mit einer kaffeebraunen Zeichnung aus Punkten und Strichen, die Blattseite ist grau. Die gelbe Blüte erscheint im September.

- *bella* (Hs) ist eine weitere sehr schöne Art. Der »Fensteranteil« ihrer Blätter ist größer als bei der eben genannten Art. Die Blütenfarbe ist Weiß.
- *localis* siehe *L. terricolor var. localis.*
- *optica* (Hs) wächst in einer nebelreichen Küstenzone. Die lehmfarbenen Körper sind tief gespalten und tragen an jedem Blattende ein großes Fenster. Diese Art blüht weiß, ebenso die *optica var. rubra* (Hs), die als »Edelstein« unter den Lithops-Arten bezeichnet wird und bezeichnenderweise aus einem Diamantengebiet Südwestafrikas stammt. Sie unterscheidet sich von der Art nur durch ihre dunkelrote Körperfarbe.
- *pseudotruncatella* ist sehr wüchsig und daher eine auch für Anfänger besonders geeignete, weit verbreitete Art. Die Fenster der Blattspitzen sind sehr variabel, netzartig und braun marmoriert auf grauem Grund. Die großen gelben Blüten erscheinen im Herbst.
- *salicola* (Hs) erinnert vom Namen her an den Salzboden des Heimatstandortes. Die Endflächen der grauen Blätter haben olivgrüne Fenster. Die Blüte ist weiß.
- *terricolor* (Hs), der »erdfarbene Lithops«, hat dunkelgraublau gefleckte Fenster und gelbe Blüten. *terricolor var. localis* (Hs) wird auch als *L. localis* bezeichnet. Die Endflächen der Blätter sind rot mit violettgrünen Punkten.

**Mitrophyllum**

Das »Mützenblatt« ist nur durch seine Früchte von der Gattung *Conophyllum* zu unterscheiden. Wie bei dieser handelt es sich um kleine, meist kriechende Sträucher mit weichem Sproß. Von zwei verschieden großen Blattpaaren umhüllt eines das andere als Schutz in der Trockenzeit. Die empfindlichen Pflanzen benötigen viel Licht und zur Überwinterung mindestens 15° C. Nur bei Beginn des Neutriebs (September) wird wenige Male gegossen.

- *mitratum* (Hs) gehört zu den seltenen Arten dieser schwer zu pflegenden Gattung. Die sehr weichfleischigen Blätter sind hellgrün, die Blüten langgestielt und weiß.

**Muiria**

- *hortensae* ist die einzige Art dieser Gattung und wie *Mitrophyllum* zu behandeln. Das einen Sproß bildende, verwachsene Blattpaar ist graugrün bis rötlich gefärbt und samtig behaart. Die hellrosa Blüten treten kaum aus dem Blattspalt heraus.

*Lithops terricolor var. localis, oben; Muiria hortensae, unten*

**Nananthus** siehe **Aloinopsis**

**Oophytum**

- *oviforme* wird wegen der Blattform als »Eierpflanze« bezeichnet. Die Blattfarbe ist Olivgrün bis Rot, die Blüten sind rötlich mit weißer Mitte. Wachstums- und Blütezeit dieser seltenen Art liegen im Frühjahr. Sie ist wegen der langen Trockenruhe schwierig zu pflegen.

**Ophthalmophyllum**

Das »Augenblatt« ist *Conophytum* nahe verwandt; es hat die gleiche Vegetationszeit (Herbst bis Winter) und ähnliche Blüten. Die hochsukkulenten Blätter sind typische Fensterblätter.

- *friedrichiae* (Hs) besitzt grüne Körper, die sich in der Ruhezeit kupfrigrot verfärben. Die Fenster an den Blattenden sind durchscheinend hell, die Blüten weiß.
- *praesectum* (Hs) hat einen schmalen Spalt zwischen den verwachsenen Blättern, deren Enden undeutlich gefenstert sind. Die Blütenfarbe ist Rötlichviolett.

**Oscularia**

Diese unverwüstlichen Kleinsträucher sind reichblühende Pflanzen für das Fensterbrett und das sommerliche Sukkulentenbeet im Garten. Sie werden kühl und hell überwintert. Eine Vermehrung durch Stecklinge und Aussaat ist möglich.

- *caulescens* (St) hat hellblau bereifte, kantige Blätter mit roten Rändern, die an kleinen Ästen sitzen. Zahlreiche rosa Blüten erscheinen im Frühjahr.
- *deltoides* (St) unterscheidet sich von der eben beschriebenen Art durch die dreieckigen, an der Basis schmaleren Blätter, die an den Kanten gezähnt sind. Die blaßrosa Blüten erscheinen im Februar und März.

**Pleiospilos**

Diese Gattung liefert weitere Beispiele für gelungene Mimikry. Die Rosetten mit wenigen, sehr dickfleischigen Blättern ahmen durch ihre Punktierung auf grünem oder grauem Grund exakt das Aussehen des sie an ihrem Heimatstandort umgebenden Granits nach. Es sind meist pflegeleichte Arten, die nur von Mai bis Juli kräftig gegossen, danach aber trocken gehalten werden.

*Ophthalmophyllum friedrichiae*

- *bolusi* (Hs) ist die wegen ihrer Anspruchslosigkeit am meisten verbreitete Art. Die in der Ruhezeit wie bei *Lithops* nur durch einen Spalt getrennten, fleischigen Blattpaare spreizen während der Wachstumszeit weit auseinander. Auf rötlich-braungrünem Grund sind sie dunkelgrün punktiert. Die goldgelben Blüten erreichen einen Durchmesser von 8 cm.
- *prismaticus* ist eine Pflanze für fortgeschrittene Sukkulentenpfleger. Die langen, silbergrauen Blätter verfärben sich bei intensiver Sonnenstrahlung an den Spitzen rot. Die Blütenfarbe ist Gelb.

### Psammophora

Diese Gattung entwickelte einen anderen wirkungsvollen Trick zur Anpassung an die Umgebung und zum Schutz gegen Verdunstung. Die Blätter der in der deutschen Übersetzung »Sandträger« genannten Pflanzen sondern einen klebrigen Saft ab, der den darüber gewehten Sand festhält. Die Vegetationszeit dieser Pflanzen ist von Mai bis Oktober. Während der Winterruhe trocken halten bei 15° C. Eine Vermehrung geschieht meist aus Samen.
- *longifolia* (G) entwickelt 2 bis 3 Blattpaare. Die etwa 4 cm langen, fingerartigen Blätter sind in der Jugend oliv, später graugrün. Diese Art blüht weiß.

### Rhombophyllum

Von dieser Gattung gibt es drei Arten. Es sind leicht zu pflegende und willig blühende Sträucher oder Rasen, die als Zimmerpflanzen ihre Vegetationszeit im Spätsommer und Herbst haben und mäßig warm überwintert werden.
- *dolabriforme* bildet an den zahlreichen Sprossen lockere Rosetten von wenigen keuligen, aufwärts gebogenen, sukkulenten Blättern, die in Form einer Elchschaufel auslaufen. Der grasgrüne Pflanzenkörper ist durchscheinend punktiert.
- *rhomboideum* (G) ist von kompaktem Wuchs und bildet dichte Blattrosetten aus abgeflachten, unterseits gekielten Blättern mit weißen Punkten auf graugrünem Grund. Die Blüten sind goldgelb.

### Ruschia

Mit rund 350 Arten ist dies die artenreichste Gattung der Mittagsblumengewächse. Es handelt sich um strauchige oder rasenbildende Pflanzen, die wesentlichen Anteil an dem Blütenmeer haben, als das die südafrikanischen Sukkulentensteppen bald nach den seltenen Regenfällen erscheinen. Die strauchigen Arten können auch bei uns den Sommer im Freien verbringen, andere läßt man auf dem Fensterbrett. Alle verlangen eine kühle Überwinterung.

*Ruschia gravida*

- *dualis* (G) sieht *Argyroderma* sehr ähnlich und bildet dicke, verzweigte Pflanzen. Die in der Draufsicht dreieckigen Blätter sind zu Paaren verwachsen und weißgrau. Die Farbe der kleinen Blüten ist Magentarosa.
- *gravida* (St) ist ein aufrechter Strauch mit blaugrünen, abstehenden Blättern und rosa Blüten. Er wird bis zu 35 cm hoch.
- *herrei* (G) ist nach Hans Herre, dem ehemaligen Kurator des Botanischen Gartens in Stellenbosch, benannt. Seiner unermüdlichen Tätigkeit als Pflanzensammler und -pfleger verdanken wir wesentliche Kenntnisse über die Sukkulenten Südafrikas. Die nach ihm benannte Pflanze bildet dichte Rasen. Die blaugrünen, punktierten Blätter sind lang zugespitzt.

### Schwantesia

Auch diese Gattung trägt den Namen eines bedeutenden Sukkulentenforschers. Das Arbeitsgebiet von Professor G. Schwantes in Kiel war die

*Schwantesia triebneri*

Archäologie, sein perfekt betriebenes Hobby die wissenschaftliche Beschäftigung mit der Familie der Mittagsblumengewächse. Bei den Pflanzen der nach ihm benannten Gattung bilden 2 bis 4 Blattpaare sehr aparte, lockere Rosetten. Vegetationszeit dieser Pflanzen ist von April bis Oktober. Hell, bei Temperaturen über 15° C überwintern. Die Vermehrung geschieht meist durch Samen.

- *loeschiana* (G) verdeckt mit großen, goldgelben Blüten die ganze Rosette graugrüner Blätter.
- *ruedebuschii* (G) ähnelt durch die Form der blaugrünen, marmorierten Blätter *Rhombophyllum dolabriforme,* doch sind die Blattenden stärker gezähnt.
- *triebneri* (G) hat rotgerandete Blätter von unterschiedlicher Farbe. Die großen Blüten sind gelb.

**Stomatium**

- *erminium* (G) bildet aus Trieben mit wenigen Blattpaaren im Alter Rasen oder Polster. Die weichfleischigen, hellgrauen Blätter sind warzig-rauh und am Rand gezähnt. Vegetationszeit ist im Sommer. Die gelben Blüten duften.

**Tischleria**

- *peersii* (G) ist die einzige Art dieser Gattung. Die rosettig gestellten Blätter sind an den Rändern gezähnt, an der Spitze keulig verdickt und an der Unterseite gekielt. Wachstumszeit ist im Sommer. Bei 12° C hell überwintern.

**Titanopsis**

Die Arten dieser Gattung passen sich durch die warzig-rauhe Oberfläche der in Rosetten stehenden kleinen Blätter den sie an ihren Heimatstandorten umgebenden Kalksteinen an. Auch in der sommerlichen Wachstumszeit dürfen wir nur sparsam gießen. Zur Überwinterung sind Temperaturen von 15° C erforderlich. Diese reinen Zimmerpflanzen werden durch Aussaat vermehrt.

- *calcarea* (G) paßt sich an das Aussehen der Umgebung (Mimikry) durch rötlichgraue Warzen auf den Spitzen der spateligen Blätter an. Die Blütenfarbe ist Hellorange.

**Trichodiadema**

Die Arten dieser Gattung entwickelten eine besondere Form der Wasseraufnahme in den heimatlichen Trockengebieten. Die Blätter der strauchigen Pflanzen sind mit Papillen (Warzen) und an der Blattspitze mit abstehenden Borsten besetzt, an denen die Luftfeuchte sich morgens als Tau niederschlägt. Diese aus Stecklingen leicht zu vermehrenden Pflanzen sind für sonnige Freilandbeete und für das Fensterbrett geeignet. Hell und kühl überwintern.

- *densum* (St) erreicht als Zwergstrauch Höhen bis zu 15 cm. Die Ästchen sind dicht mit walzenförmigen Blättern besetzt, die in einem Schopf langer, weißer Borsten enden. Diese schöne Art wird durch Samen vermehrt und blüht karminrot.

**Vanheerdia**

Als letzte Gattung in der alphabetischen Reihenfolge der Mittagsblumengewächse nennen wir *Vanheerdia.* Sie besitzt nur vier Arten, die wie *Gibbaeum* behandelt werden und selten in unseren Sammlungen anzutreffen sind. Ihre Vegetationszeit ist im Frühjahr.

- *primosii* (Hs) bildet Gruppen von vielen Einzelkörpern, die den hochsukkulenten *Lithops* sehr ähnlich sind. Der Pflanzenkörper mit einem verwachsenen Blattpaar trägt an seinem blaßvioletten Ende grünmarmorierte Fenster. Die Blütenfarbe ist Goldgelb.

# OXALIDACEAE (Sauerkleegewächse)

Sauerkleegewächse sind weltweit verbreitet und werden in vielen Ländern als Futter- und Nahrungspflanzen angebaut. Als Topfpflanze ist hier in Mitteleuropa nur der aus Mexiko stammende *Oxalis deppei* bekannt. Wegen seiner viergeteilten Blätter wird er als »Glücksklee« in Gärtnereien herangezogen und ist als Glücksbringer zu Neujahr in den Blumengeschäften zu kaufen. Aus Südamerika kamen zu uns einige sukkulente Arten, darunter auch die nachstehend beschriebene Pflanze.

### Oxalis

- *carnosa* hat knollige Wurzeln und einen fleischigen Stamm, der bis zu 10 cm hoch wird und später verholzt. Die dreigeteilten, grünen Blätter sind schwach sukkulent und stehen auf langen Stielen im Scheitel der Pflanze. Die Blütenstände sind zahlreich und bestehen aus mehreren leuchtend gelben Blüten. Diese und andere Arten sind anspruchslose Zimmerpflanzen, die hell und kühl überwintert werden. Die Vermehrung erfolgt durch Stecklinge.

# PIPERACEAE (Pfeffergewächse)

Aus der zu dieser Familie gehörenden Gattung *Peperomia* gibt es zahlreiche Arten, die wegen ihrer schön geformten oder auffällig gezeichneten Blätter gerngekaufte Topfpflanzen sind. Wegen ihrer Lebensweise auf Bäumen tropisch wechselfeuchter Gebiete haben manche Arten fleischige Stengel oder Blätter.

### Peperomia

- *dolabriformis* stammt aus einem der heißesten und trockensten Täler des nördlichen Peru. Sie besitzt aufrechte, sukkulente Sprosse mit beilförmigen, spitz auslaufenden, senkrechtgestellten Blättern. Die obere Blattkante ist durchscheinend und bildet so die von vielen Mittagsblumen bekannten Fenster. Diese interessante und seltene Sukkulente benötigt einen besonders hellen Platz am Fenster, wenig Wasser und auch im Winter Temperaturen über 15° C.

# PORTULACACEAE (Portulakgewächse)

Portulakgewächse finden wir in weiten Gebieten Amerikas, Afrikas, Asiens und Australiens. Unter diesen vielgestaltigen Stamm- und Blattsukkulenten gibt es sowohl einjährige Kräuter als auch vieljährige Bäume.

*Peperomia dolabriformis*

### Anacampseros

Die Vertreter dieser für den Sukkulentensammler interessanten Gattung kommen in Afrika und Australien vor. Es handelt sich um außerordentlich vielgestaltige, niedrige Stauden, oft mit knolligen Wurzeln. Haare oder papierartige Nebenblätter dienen der Wasseraufnahme aus dem nächtlichen Tau.

- *filamentosa* ist häufig in Sammlungen zu finden. Die olivgrünen, kleinen, ovalen, zugespitzten Blätter stehen zusammen mit gewundenen Haaren an kurzen Stämmen. Diese aus Südafrika stammende Art ist leicht zu pflegen und blüht rotviolett.
- *papyracea* stammt ebenfalls aus Südafrika, stellt aber einen völlig anderen und schwer zu pflegenden Wuchstyp dar. Die meist niederliegenden kleinen Äste sind mit zierlichen Blättern besetzt, die von weißen Nebenblättern eingehüllt werden. Die Blütenfarbe ist Weißlichgrün. Die Pflanze braucht einen hellen Standort und Wintertemperaturen über 15° C.

### Ceraria

- *namaquensis* ist in Süd- und Südwestafrika beheimatet. Der sparrig verzweigte Strauch besitzt dicke, gebogene, hellgraue Äste, die aufrecht oder niederliegend wachsen. Die kleinen, wachsig bereiften Blätter sitzen in Büscheln an höckrigen Kurztrieben. Die Blütenfarben sind Weiß oder Rosa. Diese bemerkenswerte Pflanze benötigt einen hellen Platz und warme Überwinterung.

◀ *Portulaca grandiflora*

▼ *Cissus juttae*

**Portulaca**

– *grandiflora,* der »großblütige Portulak«, gehört zu den einjährigen Sukkulenten, die wir wie andere Sommerblumen alljährlich erneut aussäen müssen. Diese Art ist in Brasilien weit verbreitet und erfreut sich bei uns in den letzten Jahren zur Bepflanzung von Blumenrabatten steigender Beliebtheit. Die rotbraunen, schwach sukkulenten Sprosse der verzweigten Pflanzen sind mit kleinen, grünen, walzenförmigen Blättern besetzt und zeigen den ganzen Sommer über ein grandioses Farbenspiel ihrer einfachen oder gefüllten Blüten in allen Schattierungen von Weiß, Gelb, Rot oder Violett. Die selbst geernteten oder zugekauften Samen werden im Frühjahr in Töpfen oder Schalen ausgesät, keimen sehr leicht und werden nach den letzten Frösten (Ende Mai) ins Freie gepflanzt.

**Portulacaria**

– *afra* hat in Afrika den bezeichnenden Namen »Spekboom« (Speckbaum). Die sich verzweigenden, fleischigen Sprosse wachsen zunächst aufrecht, dann gebogen und überhängend und bilden raschwüchsige, auffallende Pflanzen. Sie lassen sich leicht durch Stecklinge vermehren, stellen weder in der Wohnung noch im Sommer im Freien besondere Ansprüche und sind daher besonders für Anfänger zu empfehlen. Die kleinen, grünen, meist kreisrunden Blätter sind bei einer Form auch gelbbunt. Die rispigen Blütenstände tragen unauffällige rosa Einzelblüten. Im Mittelmeergebiet wird diese Art auch als Heckenpflanze benutzt.

## VITACEAE (Weinrebengewächse)

Nach der Schilderung vieler ungewöhnlicher Pflanzengestalten wird es kaum noch verwundern, daß auch unter den Weinrebengewächsen einige Vertreter aus Trockengebieten zu den Sukkulenten gehören. Sie haben fleischige Sprosse, Blätter und auch einen keulig verdickten Stamm.

**Cissus**

– *juttae* stammt aus Südwestafrika. Diese dekorative Pflanze erreicht in der Heimat bei Höhen bis zu 3 m eine Dicke von 1 m und besitzt über der grünen Rinde eine papierne Borke. Die großen Blätter sind graugrün, am Rand gesägt und fallen zu Beginn der Trockenzeit (im Herbst) ab. Die Blüten sind unscheinbar, ähnlich denen der bei uns heimischen Weinrebe. Eine Vermehrung ist durch Aussaat möglich. Trocken und warm überwintern.

**Das neue Hundebuch**
(0009) Von W. Busack, überarbeitet von Dr. med. vet. A. Hacker, 104 S., zahlreiche Abb. auf Kunstdrucktafeln, kart., DM 5,80

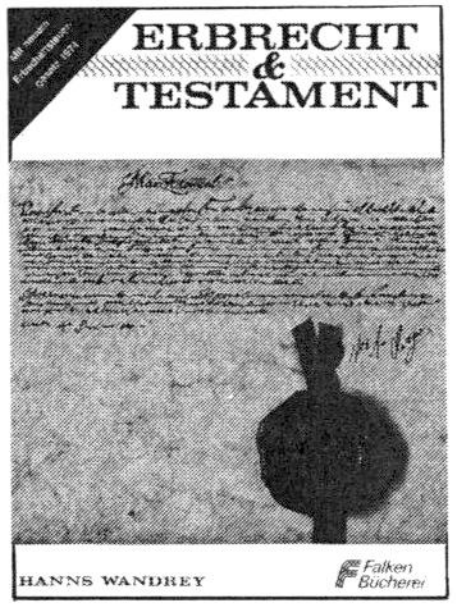


**Erbrecht und Testament**
mit Erbschaftssteuergesetz 1974
(0046) Von Dr. jur. H. Wandrey, 112 S., kart. DM 6,80

**Geschäftliche Briefe des Handwerkers und Kaufmannes**
(0041) Von A. Römer, 96 S., kart. DM 5,80

**Der neue Briefsteller**
(0060) Von I. Wolter-Rosendorf, 112 S., kart., DM 5,80

**Fibel für Zuckerkranke**
(0110) Von Dr. med. Th. Kantschew, 148 S., Zeichng., Tabellen, kart., DM 6,80

**Die erfolgreiche Bewerbung**
(0173) Von W. Manekeller, 152 S., kart., DM 8,80

**Verse fürs Poesiealbum**
(0241) Von Irmgard Wolter, 96 S., 20 Abb., kart., DM 4,80

**Heimwerker-Handbuch**
Basteln und Bauen mit elektrischen Heimwerkzeugen
(0243) Von Bernd Käsch, 240 S., 229 Fotos und Zeichnungen, kart., DM 9,80

**Großes Rätsel-ABC**
(0246) Von H. Schiefelbein, 416 S., gbd., DM 16,–

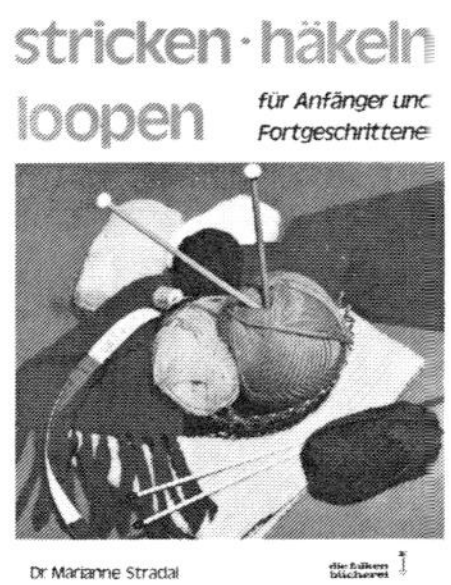


**Stricken, häkeln, loopen**
(0205) Von Dr. Marianne Stradal, 96 S., 100 Abb., kart., DM 5,80

**Karate – ein fernöstlicher Kampfsport Band 1**
(0227) Von Albrecht Pflüger, 136 S. mit 195 Fotos und Zeichnungen, kart., DM 9,80

**Wie soll es heißen?**
(0211) Von Dr. Köhr, 88 S., kart., DM 4,80

**Beliebte und neue Kegelspiele**
(0271) Von Georg Bocsai, 92 S., 62 Abb., kart., DM 4,80

**Vorbereitung auf die Geburt**
(0251) Schwangerschaftsgymnastik, Atmung, Rückbildungsgymnastik. Von Sabine Buchholz, 112 S., 98 Fotos, kart., DM 6,80

**Flugmodelle**
bauen und einfliegen
(0361) Von Werner Thies und Willi Rolf, 160 S., 83 Abbildungen und 7 Faltpläne, kart., DM 9,80

**Glückwünsche, Toasts und Festreden zur Hochzeit**
(0264) Von Irmgard Wolter, 88 S., kart., DM 4,80

**Tauchen**
Grundlagen – Training – Praxis
(0267) Von W. Freihen, 144 S., 71 Fotos und Farbtafeln, DM 9,80

**Ostfriesenwitze**
(0286) Band II: Enno van Rentjeborgh, 80 S., 10 Karikaturen, kart., DM 3,-

**Selbst tapezieren und streichen**
(0289) Von Dieter Heitmann und Jürgen Geithmann, 96 S., 49 Fotos, kart., DM 5,80

**Ikebana Band 1: Moribana – Schalenarrangements**
(0300) Von Gabriele Vocke, 164 S., 40 großformatige Vierfarbtafeln, 66 Schwarzweißfotos und Graphiken, gbd., DM 19,80

**Kung-Fu II**
Theorie und Praxis klassischer und moderner Stile
(0376) Von Manfred Pabst. 160 S., 330 Abb., kart., DM 12,80

**Münzen**
Ein Brevier für Sammler
(0353) Von Erhard Dehnke, 128 S., 30 Abbildungen – teils farbig –, kart., DM 6,80

**Pilze erkennen und benennen**
(0380) Von J. Raithelhuber. 136 S., 106 Farbfotos, kart., DM 7,80

**Ziervögel in Haus und Voliere**
Arten · Verhalten · Pflege
(0377) Von Horst Bielfeld, 144 S., 32 Farbfotos, kart., DM 9,80

**Beeren und Waldfrüchte**
erkennen und benennen – eßbar oder giftig?
(0401) Von Jörg Raithelhuber, 136 S., 90 Farbfotos, 40 s/w, kart., DM 9,80

**Tee für Genießer**
(0356) Von Marianne Nicolin, 64 Seiten, 4 Farbtafeln, kart., DM 5,80

**Fred Metzlers Witze mit Pfiff**
(0368) 120 S., Taschenbuchformat, kart., DM 6,80

**Selbst Brotbacken**
mit über 50 erprobten Rezepten
(0370) Von Jens Schiermann, 80 S., mit 6 Zeichnungen und 4 Farbtafeln, kart., DM 6,80

**Kalorien · Joule**
Eiweiß · Fett · Kohlehydrate tabellarisch nach gebräuchlichen Mengen
(0374) Von Marianne Bormio, 88 S., kart., DM 4,80

**Flugzeuge**
Von den Anfängen bis zum 1. Weltkrieg
(0391) Von Enzo Angelucci, deutsch von E. Schartz, 320 S., mit mehreren hundert Abb., meist vierfarbig, gbd., DM 19,80

**Von der Verlobung zur Goldenen Hochzeit**
Vorbereitung – Festgestaltung – Glückwünsche
(0393) Von Elisabeth Ruge, 120 S., kart., DM 6,80

**Die 12 Sternzeichen**
Charakter, Liebe und Schicksal
(0385) Von Georg Haddenbach, 160 S., gbd., DM 9,80

**Möbel aufarbeiten, reparieren und pflegen**
(0386) Von E. Schnaus-Lorey, 96 S., 104 Fotos und Zeichnungen, kart., DM 6,80

**Selbst Wahrsagen mit Karten**
Die Zukunft in Liebe, Beruf und Finanzen
(0404) Von Rhea Koch, 112 S., mit vielen Abb., Pbd., DM 9,80

**Einkochen**
nach allen Regeln der Kunst
(0405) Von Birgit Müller, 96 S., 8 Farbt., kart., DM 7,80

**Häschen-Witze**
(0410) Gesammelt von Sigrid Utner, 80 S., mit 16 Zeichnungen, vierfarbiger Schutzumschlag, brosch., DM 3,–

**Spielend Schach lernen**
(2002) Von Theo Schuster, 128 S., kart., DM 6,80

**Spiele für Kleinkinder**
(2011) Von Dieter Kellermann. 80 S., kart., DM 5,80

**Knobeleien und Denksport**
(2019) Von Klas Rechberger, 142 S., mit vielen Zeichnungen, kart., DM 7,80

**Lirum, larum, Löffelstiel**
(5007) Von Ingeborg Becker, 64 S., durchgehend vierfarbige Abbildungen Spiralheftung, DM 7,80

**Zimmerpflanzen**
(5010) Von Inge Manz, 64 S., 98 Farbabbildungen, Pbd., DM 9,80

**Reiten**
Vom ersten Schritt zum Reiterglück
(5033) Von Herta F. Kraupa-Tuskany, 64 S., mit vielen Zeichnungen und Farbabb., Pbd., DM 9,80

**Die Selbermachers renovieren ihre Wohnung**
(5013) Von Wilfried Köhnemann, 148 S., 374 Farbabb., Zeichnungen und Fotos, kart., DM 14,80

**Desserts**
(5020) Von Margit Gutta, 64 Seiten mit 38 Abbildungen, durchgehend vierfarbig, Pbd., DM 9,80

**Bauernmalerei**
leicht gemacht
(5039) Von Senta Ramos, 64 S., 78 vierfarbige Abb., Pbd., DM 9,80

**Großes Getränkebuch**
Wein · Sekt · Bier und Spirituosen aus aller Welt, pur und gemixt
(4039) Von Claus Arius, 288 S., mit Register, 179 teils großformatige Farbfotos, Balacron mit farbigem celloph. Schutzumschlag, Schuber, DM 58,–

**Moderne Fotopraxis**
Bildgestaltung · Aufnahmepraxis · Kameratechnik · Fotolexikon
(4030) Von Wolfgang Freihen, 304 S., mit 244 Abbildungen, davon 50 vierfarbig, Balacron mit vierfarbigem Schutzumschlag, abwaschbare Polyleinprägung, DM 29,80

**Wir spielen**
Hundert Spiele für einen und viele
(4034) Von Heinz Görz, 430 S., mit 370 farbigen Zeichnungen, gbd., DM 26,–

**Moderne Schmalfilmpraxis**
Ausrüstungen · Drehbuch · Aufnahme Schnitt · Vertonung
(4043) Von Uwe Ney, 328 S., mit über 200 Abbildungen, teils vierfarbig, Balacron mit vierfarbigem Schutzumschlag, DM 29,80

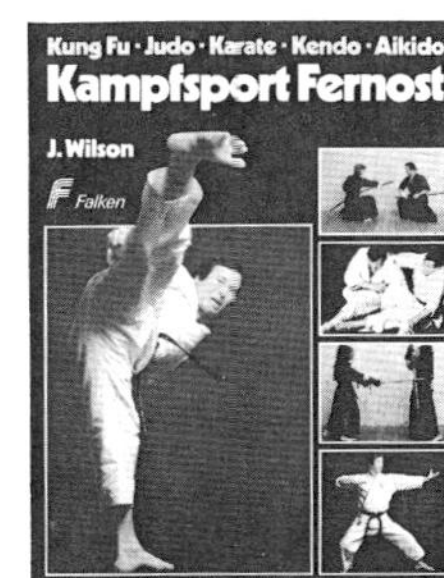


**Kampfsport Fernost**
**Kung-Fu · Judo · Karate · Kendo · Aikido**
(4108) Von Jim Wilson, dt. von H.-J. Hesse, 88 S., mit 164 farbigen Abb., Pbd., DM 22,–

**Balkons in Blütenpracht**
zu allen Jahreszeiten
(5047) Von Nikolaus Uhl, 64 S.,
82 vierfarbige Abb., Pbd., DM 9,80

**Natursammlers Kochbuch**
Wildfrüchte und –gemüse, Pilze und Kräuter — finden und zubereiten
(4040) Von Christa-Maria Kerler, 140 S., 12 Farbtafeln, Pbd., mit vierfarbigem Überzug, DM 19,80

**Moderne Korrespondenz**
(4014) Von H. Kirst und W. Manekeller, 570 S., gbd., DM 39,–

**Der praktische Hausarzt**
(4011) Unter Mitarbeit zahlreicher Fachärzte, koordiniert von Dr. Eric Weiser
718 Seiten, 487 Abb., und 16 Farbtafeln, nur DM 19,80

**Max Inzingers 111 beste Rezepte**
(4041) Von Max Inzinger, 124 Seiten, m. 35 Farbtafeln, kartoniert, DM 19,80
(4042) **gebundene** Luxusausgabe DM 26,–

**Judo — Grundlagen — Methodik**
(0305) Von Mahito Ohgo, 204 S. mit 1025 Fotos, kart., DM 14,80

**Sportfischen**
Fische – Geräte – Technik
(0324) Von Helmut Oppel, 144 S. mit 49 Fotos, Abbildungen und 8 Farbtafeln, kart., DM 8,80

**Katzen**
Rassen · Aufzucht · Pflege
(4109) Von Grace Pond und Elizabeth Towe, deutsch von D. von Buggenhagen, 144 S., mit über 100 Farbfotos, Pbd., DM 16,80

**Das Aquarium**
Einrichtung, Pflege und Fische für Süß- und Meerwasser
(4029) Von Hans J. Mayland. 334 S., mit über 415 Farbabbildungen und Farbtafeln sowie 150 Zeichnungen und Skizzen, Balacron mit vierfarbigem Schutzumschlag, abwaschbare Polyleinprägung, DM 36,–

**Hunde-Ausbildung**
Verhalten – Gehorsam – Abrichtung
(0346) Von Prof. Dr. R. Menzel, 96 S., 18 Fotos, kart., DM 7,80

**Orientteppiche**
Herkunft – Knüpfkunst – Echtheitsbestimmung
(5046) Von Horst Müller, 64 S., 62 Abb., durchgehend vierfarbig, Pbd., DM 9,80

**Reitpferde**
Rassen · Haltung · Reitschule
(4110) Von Pamela McGregor und Hartley Edwards, deutsch von E. Schwarz, 144 S., mit über 100 Farbfotos, Pbd., DM 16,80

**Lebensraum Erde**
Menschen, Tiere, Pflanzen im Kampf ums Überleben
(4111) Von M. Ross-Macdonald und Robert Allen, deutsche Bearbeitung u. Ergänzung von M. Geisthardt, 288 S., 250 Farbf., gbd., m. Schutzumschl., DM 29,80

**Scheidung und Unterhalt**
nach dem neuen Eherecht
(0403) Von Rechtsanwalt H. T. Drewes, 104 S., mit Kosten- und Unterhaltstabellen, kart., DM 7,80

**Die neue leckere Diätküche**
(5034) Von Ulrike Schubert, 64 S. mit 30 Rezeptfotos, Pbd., DM 9,80

**Die 11 erfolgreichsten Schlankheitskuren**
(5035) Von Pia Pervensche, 64 S. mit 36 Rezeptfotos, Pbd., DM 9,80

Die hier vorgestellten Bücher sind nur eine Auswahl aus unserem großen Ratgeber- und Sachbuchprogramm.
Erbitten Sie unser kostenloses Gesamtverzeichnis.

*Falken-Verlag*
*Postfach 1120*
*D-6272 Niedernhausen/Ts.*